商业银行会计

SHANGYE YINHANG KUAIJI

贾芳琳　郭立国　主编

中国财经出版传媒集团
中国财政经济出版社

图书在版编目（CIP）数据

商业银行会计／贾芳琳，郭立国主编．--北京：中国财政经济出版社，2021.8

“十四五”普通高等教育规划教材

ISBN 978-7-5223-0598-1

Ⅰ.①商… Ⅱ.①贾… ②郭… Ⅲ.①商业银行-银行会计-高等学校-教材 Ⅳ.①F830.42

中国版本图书馆 CIP 数据核字（2021）第 112186 号

责任编辑：李 媛　　　　责任校对：张 凡

封面设计：陈宇琰　　　　责任印制：史大鹏

中国财政经济出版社 出版

URL：http：//www.cfeph.cn

E-mail：cfeph@cfeph.cn

社址：北京市海淀区阜成路甲 28 号 邮政编码：100142

营销中心电话：010-88191522

天猫网店：中国财政经济出版社旗舰店

网址：https：//zgczjjcbs.tmall.com

北京密兴印刷有限公司印刷 各地新华书店经销

成品尺寸：185mm×260mm 16 开 12.25 印张 297 000 字

2021 年 8 月第 1 版 2021 年 8 月北京第 1 次印刷

定价：35.00 元

ISBN 978-7-5223-0598-1

（图书出现印装问题，本社负责调换，电话：010-88190548）

本社质量投诉电话：010-88190744

打击盗版举报热线：010-88191661 QQ：2242791300

前言

本教材是作者结合多年从事银行会计教学的实践和经验编写完成的，适用于高等职业技术院校金融管理、会计、国际金融、投资与理财等专业，也可供在职人员学习参考。

本教材具有以下特色：

1. 融入思政元素

通过教材相关内容，积极引导学生提升职业素养，培养学生诚实守信、爱岗敬业、严谨专注的工匠精神；教育学生恪守廉洁自律、客观公正、坚持准则的职业道德；激发学生爱国情怀，将热爱祖国体现在实际工作中，将自己的理想和国家的前途、人民的需要联系起来，为学生成长提供价值引领与精神滋养。

2. 体现信息化技术给银行会计带来的变迁

随着信息网络化和计算机技术的发展，通过影像和信息技术，将纸质票据转化为影像和电子信息，利用网络技术传递业务信息，实现纸质票据截留的做法，既改变了银行业务的处理方式，也使得银行会计发生了一定的变革。针对这些变化，本教材增加了通过支票影像交换系统办理转账支票、电子商业汇票业务、依托大小额支付系统办理银行业务的核算等内容。从而使读者能够充分了解信息技术在银行会计应用方面的新动态，以及这些新动态所带来的银行会计变革。

3. 强调内容的实用性，注重业务的操作性

本教材各模块、各单元均配有相关知识、业务核算及任务导入。学生在具备了初步的银行会计知识的基础上，以实际的银行会计工作任务为驱动，采用仿真的账证资料，按实际工作步骤和工作内容完成银行会计工作。通过仿真的业务实践，实现知识、技能和态度的整合和提升。

4. 整合“银行间资金清算及往来业务核算”内容

目前，我国已建立了比较完善的商业银行支付清算体系，主要包括现代化支付系统、同城票据交换系统、支票影像系统及各家银行自身内部清算系统等。这些系统集汇划业务、清算业务及结算业务等于一体，改变了原来先汇划、后清算，动账不动钱的体制。它们在业务上既自成一体，又相互关联，会计核算错综复杂。我们将以上内容集中整合为“银行间资金清算及往来业务核算”项目，使教材使用者能够清晰地领悟其中的内容，达到融会贯通的效果。

5. 注重教材建设与课程开发一体化，方便“教学做”一体化的实施

本教材配备了大量的教学资源。主要有：课程标准、授课计划、教学设计、电子课件（PPT）、学习指南、操作手册、课程实训、习题作业、教学案例、模拟试卷、业务平台软件等，可供读者学习时使用。读者可登录

教学资源

课程思政教学设计

课程资源

学习指南

业务平台说明

中财数据在线教育（https：//edu. cfemg. cn）注册后，搜索课程，凭封底激活码，获取相关资源。

本书由广州番禺职业技术学院贾芳琳副教授和郭立国副教授共同主编。具体分工如下：郭立国负责编写项目二、项目七、项目八；贾芳琳负责制定课程标准、设计教材体例及项目一、项目三、项目四、项目五、项目六的开发编写和最后修改定稿。深圳智盛信息技术公司负责软件开发以及操作手册的编号。

本课程开发和教材编写得益于多位职业教育专家和金融行业专家的帮助，广州市多家商业银行的领导和一线业务人员参加了岗位工作任务和职业能力分析。中国财政经济出版社对教材出版给予了重要的支持，在此一并致谢！

编者

2021 年 1 月

目录

1 项目一 从业准备

知识目标

1. 了解银行会计的特点。
2. 熟知银行会计科目的设置。
3. 通晓银行会计记账方法。
4. 熟悉会计凭证的分类、填制要求、审核要求、签章、传递等。
5. 掌握账务处理和账务核对的程序。
6. 知悉记账规则与错账冲正方法。

技能目标

1. 根据资料，能对会计科目进行简单归类。
2. 根据资料，审核凭证的真实性和正确性。
3. 根据资料，能运用单式记账法及复式记账法处理银行业务。
4. 根据资料，能进行试算平衡。
5. 根据资料，能进行错账调整。

素养目标

1. 培养学生依法办事、坚守准则、保守秘密的职业修养。
2. 培养学生认真、细致、严谨的工作作风和敬业精神。
3. 培养学生诚实守信的职业道德和廉洁自律的会计品格。
4. 培养学生分工明确、职责明晰、协同高效的会计岗位意识。
5. 培养学生热爱所从事工作的幸福感和荣誉感。

模块一 银行会计的特点

银行会计是会计学科的一个重要分支，是将会计的基本原理和基本方法应用于银行的一门专业会计。2007 年，随着财政部（2006）3 号《企业会计准则 1 号——存货》等 38 项具体准则的实施，银行将不再执行《金融企业会计制度》，银行会计与其他行业会计的差异逐步缩小。银行会计所遵循的会计一般原理，如基本前提、一般原则、各个会计要素的划分和命名、各个要素之间的关系、会计要素的确认、计量标准、会计报表的名称、格式、内容、编制方式等，与其他行业大体上是一致的。

但是，由于银行作为社会资金中介组织，主要以吸收存款、发放贷款、开展支付结算业务，谋求存贷款利差及相关手续费为经营目标。因此，其业务的特殊性决定了其在会计核算上具有特殊性，主要表现为：

一、会计科目设置的独特性

1. 商业银行可以根据自身情况增删调整会计科目

2006 年，《企业会计准则》颁布后，对商业银行仅有一个指导性的会计科目设置表，并不强制执行。而指导性的会计科目设置表当中，有 30 个左右的科目是银行独有或者金融企业共用的，一般企业会计是没有的（见表 1－1）。鉴于只是指导性的会计科目，所以商业银行可以根据自身情况进行增删调整，这使得商业银行会计既实现了统一性，同时又兼顾了银行业的特殊性。

表 1－1　　银行常用会计科目

顺序号	编号	会计科目名称	使用说明	适用范围
一、资产类				
1	1001	库存现金	银行本外币库存现金、自助设备占款及财务现金备付金情况	
2	1002	银行存款	反映银行用于公杂费等财务开支的存款	
3	1003	存放中央银行款项	核算商业银行缴存中国人民银行的法定准备金存款和超额准备金存款	银行专用
4	1004	存放同业	用来核算商业银行存放在其他金融机构（除中央银行）的款项	银行专用
5	1015	上存系统内款项	核算和反映各个清算行存放在总行的备付金，为清算行使用	银行增设
6	1016	上存辖内款项	反映经办行在清算行的备付金，由经办行使用	银行增设
7	1031	存出保证金	核算和反映银行办理业务需要存出或缴纳的各项保证金款项	金融共用
8	1101	交易性金融资产	企业为交易目的所持有的债券投资、股票投资、基金投资等交易性金融资产的公允价值	

续表

顺序号	编号	会计科目名称	使用说明	适用范围
9	1111	买入返售金融资产（金融共用）	企业（金融）按照返售协议约定先买入再按固定价格返售的票据、证券、贷款等金融资产所融出的资金	金融共用
10	1131	应收股利	企业应收取的现金股利和应收取其他单位分配的利润	
11	1132	应收利息	核算商业银行按规定应该收取尚未收到的利息	
12	1301	贴现资产	核算商业银行办理商业票据的贴现、转贴现等业务所融出的资金	银行专用
13	1302	拆出资金	企业（金融）拆借给境内、境外其他金融机构的款项	金融共用
14	1303	贷款	银行或其他金融机构发放的各种贷款	银行和保险共用
15	1304	贷款损失准备	贷款科目的备抵科目，核算商业银行贷款的减值准备	银行和保险共用
16	1308	信用卡透支	核算和反映银行信用卡透支情况	银行增设
17	1309	垫款	核算和反映银行因承兑银行汇票、开出担保等原因而发生的各项垫款情况	
18	1311	代理兑付证券	企业（证券、银行等）接受委托代理兑付到期的证券	银行和证券共用
19	1431	贵金属	用来核算银行收购的各种贵金属	银行专用
20	1441	抵债资产	核算商业银行依法取得并准备按有关规定进行处置的实物抵债资产的价值	金融共用
21	1471	抵债资产跌价准备	核算和反映银行抵债资产的跌价准备	金融共用
22	1502	持有至到期投资	核算和反映银行持有至到期投资的摊余成本	
23	1503	可供出售金融资产	企业持有的可供出售金融资产的公允价值	
24	1511	长期股权投资	银行持有的采用成本法和权益法核算的长期股权投资	
25	1901	待处理财产损益	企业在清查财产过程中查明的各种财产盘盈、盘亏和毁损的价值	
二、负债类				
26	2001	存入保证金	保证本企业出租或出借的财产能如期完整、无损地收回而向客户收取的一定数量的押金	金融共用
27	2003	拆入资金	企业（金融）从境内、境外金融机构拆入的款项	金融共用
28	2004	向中央银行借款	银行向中央银行借入的临时周转资金、季节性资金、年度性资金以及因特殊需要经批准向中央银行借入的特种借款等	银行专用
29	2011	吸收存款	核算商业银行吸收的除了同业存放款项以外的其他各种存款	银行专用
30	2012	同业存放	核算和反映同业在本行的存款情况	银行专用
31	2015	系统内存放款项	总行清算中心用来核算下级经办行在本行存放的备付金款项	银行增设
32	2016	辖内款项存放	反映经办行在清算行的备付金，由清算行使用	银行增设

续表

顺序号	编号	会计科目名称	使用说明	适用范围
33	2017	开出汇票	核算银行签发银行汇票所吸收的款项	银行增设
34	2018	开出本票	核算银行签发银行本票所吸收的款项	银行增设
35	2020	应解汇款	核算银行收到的单位和个人待解付的款项或者因为临时原因存入银行的款项	银行增设
36	2101	交易性金融负债	企业承担的交易性金融负债的公允价值	
37	2111	卖出回购金融资产款	企业（金融）按照回购协议先卖出再按固定价格买入的票据、证券、贷款等金融资产所融入的资金	金融共用
38	2213	代理兑付证券款	企业（证券、银行等）接受委托代理兑付证券收到的兑付资金	银行和证券共用
39	2312	代理承销证券款	核算银行接受委托，采用承购包销方式或者代销方式承销证券所形成的、应付证券发行人的承销资金	银行和证券共用
40	2221	应交税费	企业按照税法等规定应缴纳的各种税费	
41	2231	应付利息	用来核算商业银行按规定预提的各种存款的应付未付的利息	
42	2232	应付股利	企业经董事会或股东大会，或类似机构决议确定分配的现金股利或利润	
43	2241	其他应付款	企业除应付票据、应付账款、预收账款、应付职工薪酬、应付利息、应付股利、应交税费、长期应付款等以外的其他各项应付、暂收的款项，包括待处理的出纳长款、久悬未取款项、待提出票据交换等款项	
44	2252	待清算支付款项	专门用于核算小额支付系统业务办理过程中等待清算的资金	银行增设
三、共同类				
45	3001	清算资金往来	核算和反映不同银行之间发生的待清算资金往来	银行专用
46	3002	货币兑换	外汇分账制下设置的特定会计科目。由于一笔业务涉及两种不同货币时，一笔会计分录不能出现两种货币，所以通过“货币兑换”科目进行核算。该科目是不同货币之间账务处理的桥梁	金融共用
47	3101	衍生工具	核算企业衍生金融工具业务中的衍生金融工具的公允价值及其变动形成的衍生资产或衍生负债	
48	3201	套期工具	企业开展套期保值业务（包括公允价值套期、现金流量套期和境外经营净投资套期）套期工具公允价值变动形成的资产或负债	
49	3202	被套期项目	企业开展套期保值业务被套期项目公允价值变动形成的资产或负债	
四、所有者权益类				
50	4001	实收资本	投资者按照企业章程或合同、协议的约定，实际投入企业的资本。它是企业注册登记的法定资本总额的来源，它表明所有者对企业的基本产权关系	

续表

顺序号	编号	会计科目名称	使用说明	适用范围
51	4002	资本公积	企业收到投资者出资额超出其在注册资本或股本中所占份额的部分	
52	4101	盈余公积	公司按照规定从净利润中提取的各种积累资金	
53	4102	一般风险准备	从事证券业务的金融企业按规定从净利润中提取，用于弥补亏损的风险准备	金融共用
54	4103	本年利润	用来核算企业当年实现的净利润（或发生的净亏损）的会计科目	
55	4104	利润分配	企业根据国家有关规定和企业章程、投资者的协议等，对企业当年可供分配的利润所进行的分配	
56	4201	库存股	企业收购、转让或注销的本公司股份金额	
五、成本类（商业银行不适用）				
六、损益类				
57	6011	利息收入	核算和反映银行发放贷款、贴现等实现的利息收入	金融共用
58	6021	手续费及佣金收入	核算和反映银行办理各种结算业务收取的手续费收入	金融共用
59	6051	其他业务收入	核算和反映银行除了发放贷款、投资、债券和代理业务及金融机构往来以外的抵债资产出租、工本费收入、贵金属买卖等其他业务收入	
60	6061	汇兑损益	核算和反映银行办理外汇业务时产生的汇兑净损益	金融共用
61	6101	公允价值变动损益	核算和反映银行交易性金融资产、交易性金融负债，以及采用公允价值模式计量的投资性房地产、衍生工具、套期保值业务等公允价值变动形成的应计入当期损益的利得或者损失	
62	6111	投资收益	核算和反映银行各类投资取得的投资收益	
63	6301	营业外收入	核算和反映银行非营业性业务收入情况	
64	6402	其他业务成本	核算和反映银行确认的除主营业务活动以外的其他经营活动所发生的费用支出	
65	6403	营业税金及附加	核算和反映银行缴纳的营业税金及各种附加等情况	
66	6411	利息支出	用来核算商业银行发生的利息支出。包括吸收的各种存款、与其他金融机构之间发生资金往来业务支出等	金融共用
67	6421	手续费及佣金支出	核算和反映银行办理结算等业务所发生的费用支出	金融共用
68	6602	业务及管理费	核算银行在经营及业务发展过程中发生的各项费用	
69	6701	资产减值损失	核算银行计提各项资产减值准备所形成的损失	
70	6711	营业外支出	核算和反映银行非营业性业务支出情况	

2. 商业银行部分会计科目性质与一般企业不同

鉴于银行业务特点，决定了在科目性质上与一般企业也有所不同。比如存款类科目，在一般企业核算里是资产类科目，但在银行核算里却是负债类科目。而贷款类科目在一般企业核算里是负债，而银行却是作为资产记录。

3. 商业银行设有表外科目

商业银行还设有表外科目。表外科目是指不列入资产负债表的会计科目。表外科目于在银行等金融企业使用，是特殊行业用的会计科目，一般企业很少能使用到，而在银行会计核算中，表外科目应用却很普遍。

二、记账方法的特殊性：商业银行同时采用复式记账法和单式记账法

一般企业通常只是采取复式记账法，而银行会计则不然。银行对表内业务采用以“借”和“贷”为记账符号的复式记账法，对表外业务则采取以“收入”和“付出”为记账符号单式记账法。

三、反映情况的广泛性及社会性

按照国家有关规定，凡是独立核算的单位都必须在当地银行开设账户。企业在银行开设账户以后，除按核定的限额保留库存现金外，超过限额的现金必须存入银行；除了在规定的范围内可以用现金直接支付的款项外，在经营过程中所发生的一切货币收支业务，都必须通过银行存款账户进行结算。

由此可以看出，商业银行作为社会资金的中介和枢纽，其会计核算不仅仅反映着银行内部的业务经营状况。同时也体现了社会资金的流向和国民经济各个部门之间的联系，反映了国民经济发展的整体状况。其对经济预测和决策起着重要作用。

四、会计处理手段的先进性

随着电子商务的迅速发展，商业银行已经全面进入电子网络化时代。业务“秒”速到账、全天在线服务、网上银行及手机银行等，客户不受时空限制地获得方便快捷的金融服务。而这一切的背后，得益于支付清算系统的完善发展。可以说，支付清算系统是银行生存发展的基础和基本保障。

经过近些年的发展，我国已经形成了以中国人民银行推广实施的现代化支付系统为核心、以商业银行业内部系统为基础的业务清算系统。它们集汇划、清算、结算于一体，不仅实现了业务处理的现代化，同时也使得银行会计工作得以快捷、安全、准确地开展，实现了银行会计处理的现代化。在加快社会资金周转速度，提高支付清算效率，促进社会经济发展等方面，发挥着积极而有效的作用。

模块二 银行会计的科目

会计科目是对会计要素的具体内容，按照其相同的特征和资金性质、业务特点、经营管理和核算要求进行科学分类而确立的会计核算项目，是会计制度的重要组成部分，是进行财务、会计分析的基础。科学地设置会计科目直接影响商业银行会计核算和财务分析的质量和效果。

一、按所反映的经济内容分类

1. 资产类科目

资产类科目反映资产的增减变动，其余额反映银行全部资金的分布情况，包括现金、银行存款、贵金属、贷款、贴现资产、贷款损失准备、应收利息、坏账准备等科目。

2. 负债类科目

负债类科目反映负债的增减变动，其余额反映银行收到和确认的资金的情况，包括活期存款、定期存款、长期借款、代理承销证券款等科目。

3. 资产负债共同类科目

资产负债共同类科目反映银行资金往来业务的科目，包括清算资金往来、货币兑换等科目。

4. 所有者权益类科目

所有者权益类科目反映投资者对银行净资产的权益的科目，包括实收资本、资本公积、盈余公积、利润分配等科目。

5. 损益类科目

损益类科目是反映银行经营过程中收入、费用和利润情况的科目。

二、按提供信息的详细程度及统驭关系

银行会计科目按其所提供信息的详细程度及其统驭关系不同分为总分类科目和明细分类科目。

1. 总分类科目

总分类科目是对会计要素具体核算内容进行总括分类、提供总括信息的会计科目，总分类科目相当于一级科目。例如，吸收存款、贷款等，均为一级科目。

2. 明细分类科目

明细分类科目也称明细科目，它是对总分类科目作进一步分类、提供更详细更具体会计信息的科目，是对总分类科目的具体化和详细说明。二级科目和三级科目等均称为明细分类科目。

总分类科目及明细分类科目举例见表 1－2。

表 1－2　总分类科目及明细分类科目举例

一级科目及编号	二级科目及编号	三级科目及编号
吸收存款（2011）	吸收定期存款（201101）	
	吸收定期储蓄存款（201102）	吸收整存整取储蓄存款（20110201）
		吸收零存整取储蓄存款（20110202）
		吸收存本取息储蓄存款（20110203）
		吸收教育储蓄储蓄存款（20110204）

注意

三级科目用于实际核算。而一级科目、二级科目一般不用于实际核算，只在报表、管理信息系统中分层汇总时使用。

核算以“一级科目＋二级科目＋三级科目＋明细账户”为主线设计，没有二、三级科目的，直接在一级科目下设置明细账户，有二级、三级核算科目的，明细账户直接建立在二级、三级科目之下。

三、按与财务报表的关系分类

1. 表内科目

表内科目是反映银行资金的实际增减变化，以货币计量并且纳入资产负债表作为编制财务报表的依据。资产类、负债类、资产负债共同类、所有者权益类和损益类科目都属于表内科目的范畴。这类科目采用借贷记账法进行核算。

2. 表外科目

表外科目是核算或有事项和需要备查的业务事项，其不涉及银行资金的实际增减变化，并不完全以货币计量，是为保管和处理单证及其他需要控制的重要事项而设置的。主要包括：

（1）或有事项。或有事项是指商业银行接受客户的委托对第三方承担责任的业务，包括担保（保函）、备用信用证、跟单信用证、承兑等。它并不列入资产负债表等财务报表中，但是在一定时期可以转化成资产负债表上的内容的或有负债业务。

（2）承诺业务。承诺业务是指商业银行在未来某一日期按照事先约定的条件向客户提供约定的信用业务，例如贷款承诺等。

（3）备查的业务事项。例如，重要空白凭证、有价单证、代保管有价值物品、未发行债券、已兑付债券、逾期贷款应收未收利息、已核销贷款呆账等。

任务导入

资料：具体资料见表1－3。

要求：根据表中经济业务事项，给出会计科目名称，并填写会计科目类别。

表1－3　　会计科目归类

经济业务事项	会计科目名称	会计科目类别
1. 银行确认的手续费及佣金收入		
2. 存放于中国人民银行（以下简称“中央银行”）的各种款项，包括业务资金的调拨、办理同城票据交换和异地跨系统资金汇划、提取或缴存现金等		
3. 存放于境内、境外银行和非银行金融机构的款项		
4. 银行发生的与其经营活动相关的各项手续费、佣金等支出		

续表

经济业务事项	会计科目名称	会计科目类别
5. 银行办理商业票据的贴现、转贴现等业务所融出的资金		
6. 银行发生的利息支出		
7. 银行按规定发放的各种客户贷款		
8. 商业银行向中央银行借入的款项		
9. 银行间业务往来的资金清算款项		
10. 银行吸收的除同业存放款项以外的其他各种存款		
11. 银行确认的利息收入		

模块三
银行会计的记账方法

银行会计记账方法按记账方式的不同，可分为复式记账法和单式记账法两种。

一、复式记账法

1. 商业银行对于表内业务，使用复式记账法

2. 记账规则

以“有借必有贷，借贷必相等”作为记账规则。对发生的每一笔经济业务，都要以相等的金额，借贷相反的方向，在两个或两个以上相互联系的账户中进行连续、分类的登记。

即一笔经济业务的发生，必须以相等的金额记入一个账户的借方和另一个账户（或几个账户）的贷方；或记入一个账户的贷方和另一个账户（或几个账户）的借方。

借贷记账法下各类账户的记账方向见表 1－4。

表 1－4　借贷记账法下各类账户的记账方向

借方登记	贷方登记
资产的增加	资产的减少
负债的减少	负债的增加
费用的增加	费用的减少
所有者权益的减少	所有者权益的增加
收入的减少	收入的增加

3. 试算平衡

借贷记账法是根据复式记账原理，按照“资产＝负债＋所有者权益”的平衡理论来检

查和平衡账务的。由于每笔业务始终坚持“有借必有贷，借贷必相等”的记账规则，所以，每天或一定时期内的借方发生额和贷方发生额必然是相等的。借方及贷方余额也必然是相等的。其账务平衡公式如下：

各科目借方发生额合计 = 各科目贷方发生额合计

各科目借方余额合计 = 各科目贷方余额合计

任务导入

资料：

2020 年 9 月 27 日，广州银行广州 A 支行发生以下业务：

1. 张三将 5 000 元现金存入银行的活期储蓄存款账户。
2. 向利达公司发放短期贷款 5 万元，转存其活期存款账户。
3. 扣收运盛公司短期贷款利息 2 000 元。
4. 运盛公司持支票支取现金 10 000 元。

要求：请编制相应会计分录及试算平衡。

二、单式记账法

（1）商业银行对表外业务，使用单式记账法。

（2）记账规则。对发生的每一项经济业务只在一个账户中进行登记的方法。使用“收入”和“付出”作为记账符号。表外业务发生时，记在表外科目的收入方；表外业务注销或冲减时记付出方。

（3）账户之间的记录没有直接的联系，没有相互平衡的关系。

（4）余额反映结存或未结清的业务事项。

任务导入

1. 支行领回重要空白凭证——支票 50 本。
2. 甲企业持现金购买支票 1 本，经审核，符合购买要求。

要求：请对相关业务进行表外处理。

模块四 银行会计的凭证

一、会计凭证的种类

1. 按填制程序和用途分为原始凭证和记账凭证

（1）原始凭证

原始凭证是在经济业务发生或完成时取得或填制的，用以记录、证明经济业务已经发生或完成的原始证据，是进行会计核算的原始资料。

注意

凡不能起到证明经济业务发生或者完成情况作用的单据，如采购计划、空白银行凭证等，都不能作为原始凭据以记账。

（2）记账凭证

记账凭证是根据原始凭证编制的，用来确定会计分录并据以登记账簿的一种凭证。

2. 记账凭证按其形式的不同，分为单式记账凭证和复式记账凭证

（1）单式记账凭证

将一项经济业务涉及的各个会计科目分别填制凭证。即一张凭证中只填列经济业务事项所涉及的一个会计科目及其发生额的记账凭证。填列借方科目的称为借方凭证，填列贷方科目的称为贷方账证。某项经济业务涉及几个会计科目，就编制几张凭证。一张凭证只反映一个账户，其对应账户仅作参考，不据以入账。

（2）复式记账凭证（见图 1－1）

将每一笔经济业务事项所涉及的全部会计科目及其发生额均在同一张记账凭证中反映。即一笔业务的借方和贷方科目都填列在一张凭证上，并凭以记入两个或两个以上账户。它是实际工作中应用最普遍的记账凭证。

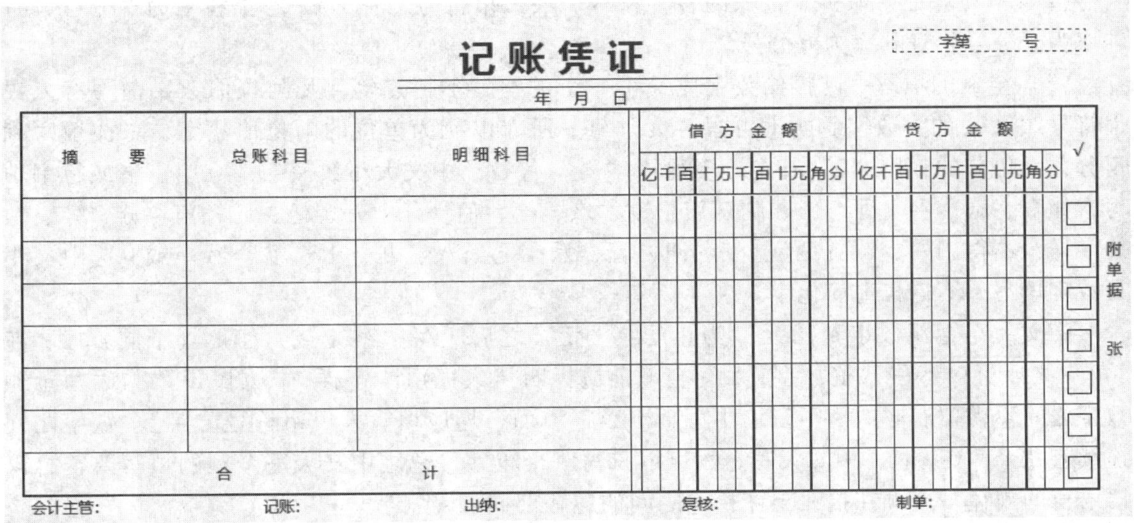

记账凭证

字第　　号

年　月　日

摘要	总账科目	明细科目	借方金额											贷方金额											√
			亿	千	百	十	万	千	百	十	元	角	分	亿	千	百	十	万	千	百	十	元	角	分	
合计																									

附单据　张

会计主管：　记账：　出纳：　复核：　制单：

图 1－1　记账凭证

提示　在手工记账时代，银行通常以审核无误的原始凭证代替记账凭证。如今，普遍采用计算系统处理会计业务，计算机自动生成机制复式记账凭证。

二、会计凭证的处理

1. 会计凭证的基本要素

会计凭证是办理业务和记载账务的依据，所以每一种会计凭证都必须记载一定的事项，这些事项称之为凭证的要素。由于各种业务性质的不同，会计凭证的要素也不完全相同。但以下事项是各种会计凭证都必须具备的要素，因而称之为基本要素。主要包括：

（1）年、月、日；

（2）收、付款人的户名和账号；

（3）收、付款人的开户银行名称和行号；

（4）人民币符号和金额；

（5）业务事实摘要及附件张数；

（6）会计分录和会计凭证的编号；

（7）单位或者个人的预留签章；

（8）银行及有关人员的签章。

2. 会计凭证的填制（生成）要求

会计凭证的填制要做到要素齐全、内容完整、反映真实、数字正确、字迹清楚、书写规范、符合规定。

（1）应该用蓝黑墨水钢笔书写。多联式凭证，必须套写，不得分张单写。

（2）填写凭证、账折及记账的各种符号。人民币符号为："￥"。年利率为百分号、月利率为千分号、日利率为万分号。

（3）金额的填写。阿拉伯数字应一个一个的写，不得连笔。凡阿拉伯数字前写有人民币符号"￥"的，数字后面不再写"元"字；所有以元为单位的阿拉伯数字，一律填写到角分；无角分的，用"0"补足，不得用"—"代替。中文大写数额字，应用正楷或行书填写，如壹、贰、叁、肆、伍、陆、柒、捌、玖、拾、佰、仟、万、亿、元、角、分、零、整等字样。不得用一、二（两）、三、四、五、六、七、八、九、十、毛、另（或0）中文小写数字填写，不得自造简化字。

中文大写金额数字到"元"为止的，"元"之后应写"整"或"正"（下同）字；在"角"之后可以不写"整"字；大写金额前应标明"人民币"字样，"人民币"与大写金额数字之间不得留有空白。阿拉伯小写金额数字前面，均应填写人民币符号"￥"。数字之间连续有几个"0"时，中文大写金额可以只写一个零字。总之中文大写金额的填写要符合汉语语言的规律。金额在拾元至贰拾元之间的应在前面加壹。

例如：人民币 50 005 元，中文大写应为：伍万零伍圆整。人民币 20 元，中文应写为：零贰拾元。

（4）凭证未写满全张，其金额栏的空格，应从右上角至左下角用斜线划销，两笔以上的应填写合计金额。凭证填写错误，除特定凭证按其业务核算手续规定准予更改的项目更改以外，其他凭证的内容写错一律不得更改，均应作废重填。

（5）凡是有特定格式凭证的业务，应使用特定凭证，联数不可缺漏，也不能以其他凭证代替。

（6）会计凭证上由银行填写和由客户填写的内容应有明显区分，由客户填写的，未经客户授权，银行工作人员不得代办。

（7）票据的出票日期必须使用中文大写并且要规范化填写。在填写会计凭证时，月是1月、2月和10月的，日为1至9和10日、20日、30日的，应在其前加“零”；日为11至19的应在其前加“壹”。出票日期未大写的票据，银行不受理，出票日期填写不规范的银行可以拒绝受理。

例如：2021年1月31日，中文大写应为：贰零贰壹年零壹月叁拾壹日。2021年11月30日，中文大写应写为：贰零贰壹年壹拾壹月零叁拾日。

3. 数字书写错误的更正方法

书写数字发生错误时，严禁采用刮、擦、涂改或采用药水消除字迹方法改错，应采用划线更正法更正。即将错误的数字全部用单红线注销掉，并在错误的数字上盖章，而后在原数字上方对齐原位填写出正确的数字。

扫描二维码，可查看图例。

拓展知识

4. 会计凭证的审查

在受理会计凭证时，必须根据有关业务的具体要求，认真审查。做到：合法合规，真实清楚，手续齐全。具体应注意以下几点：

（1）是否应为本行受理的会计凭证；

（2）使用的会计凭证其种类是否正确，会计凭证的基本内容、联数与附件的张数是否完全相符，是否超过有效期限；

（3）账号、代码与户名是否相符；

（4）大小写金额是否一致，字迹有无涂改；

（5）密押、签章和支付密码是否真实、齐全、有效；

（6）业务事实摘要是否符合有关法律、法规的要求；

（7）是否超过存款余额；

（8）计息、收费、罚金等的计算方法与数字是否正确；

（9）内部会计科目和账户名称的使用是否正确。

提示　会计人员对不真实、不合法的会计凭证应拒绝办理；对计算不准确、不完整的会计凭证应予以退回，要求更正、补充或重制；对伪造或者变造会计凭证的违法乱纪行为应认真追究，并报告领导或有关部门进行严肃处理。

5. 会计凭证的签章

凡是会计人员已经受理的会计凭证，必须加盖有关人员的名章，并分别加盖“现金收讫章”“现金付讫章”或“转讫章”，传票附件加盖“附件章”。会计凭证的记账日期与各种业务印章上的日期必须一致。

（1）对盖章的要求（不包括他行印章）：凭证上本行加盖的印章不得遮盖凭证名称、流水号、凭证号码、金额、账号等要素。

拓展知识

（2）应及时更换打印机色带或打印头，保证机打凭证清晰完整。

扫描二维码，可查看图例。

6. 会计凭证的传递

会计凭证的传递必须做到准确及时、手续严密、先外后内、先急后缓，既便利客户，又要遵守记账规则，以便于会计核算的顺利进行。除有关业务核算的手续另有规定外，会计凭证必须在银行内部传递。

（1）现金收入：先收款，后记账。

（2）现金付出：先记账，后付款。

（3）转账业务：先记付款人账户，后记收款人账户。代收他行票据，收妥抵用。

任务导入

资料：

根据模块三资料。

要求：根据会计分录，登记记账凭证。

模块五 银行账务组织

一、账务组织构成

在手工记账条件下，银行账务组织按照双线原则设置明细核算和综合核算两个系统，两个系统根据同一会计凭证平行登记，分别核算，共同构成了一整套科学、完整、严密的账务组织体系。

目前，各商业银行都采用计算机处理业务，电子化手段已基本全面取代手工而占绝对主导地位。在计算机记账条件下，会计核算的顺序是"凭证——分户账——总账"。将凭证要素输入计算机后，直接根据明细核算自动汇总生成总账。明细核算与综合核算的数字总是相等的，双线核算已经名存实亡，总分核对已经失去意义。

应用会计电算化后，银行会计账簿主要以电子数据的形式存在，分为基本账簿和辅助账簿。

1. 基本账簿

（1）分户账。分户账是指用来记载各种经济业务的动态和结果的明细账簿，是各个会计科目的明细记录，是总账的附属账，对总账起补充、明细作用。

卡片账是在分户账下的延伸和扩充，是对贷款、保证金、定期存款等业务信息作详细记载，便于进行逐笔计息、计提等会计核算而设置的账簿。卡片账设有唯一核算编号，进行会计核算和销账控制分户账格式。

（2）总账。总账是指按照会计科目设置，每日按会计科目借、贷发生额分别记载，并结出余额的账簿。总账（见图1-2）是各科目的总括记录，也是编制业务状况表、资产负债表和损益表的主要依据。

总　账

科目名称：

总页码	
本户页次	

年		凭证号数	摘要	借　方	贷　方	借或贷	余　额
月	日						
			本月合计				
			……				
			本年合计				

图 1－2　总账

任务导入

资料：

根据模块四资料。

要求：根据相关业务，请登记当日各个科目总账。

2. 辅助账簿

辅助账簿（见表 1－5）是对某些不能在流水账、分户账、卡片账中记录和反映的经济事项或者记录不全的经济业务需要进行补充登记的账簿。主要包括：

（1）手工登记簿。手工登记簿是为对某些表内、表外业务备忘、控制和管理而分户设置的辅助性账簿。

（2）电子登记簿。电子登记簿是为对汇出汇款、同城交换、重要空白凭证等业务进行控制和管理设置的系统辅助账簿。

表 1－5　　辅助账簿（部分业务）

序号	登记簿名称	备注
前台业务类		
1	挂失登记簿	用于对存单、存折、银行卡、票据、印鉴、密码等挂失和解挂情况的记录
2	假币收缴代保管登记簿	用于营业机构登记收缴假币的情况，须分币种设置
3	账务差错登记簿	用于营业机构对需要冲正处理的账务差错进行登记
4	柜员实物贵金属领用/上缴登记簿	用于营业机构实物贵金属领用/上缴情况进行登记
业务管理类		

续表

序号	登记簿名称	备注
5	营业网点业务交接登记簿	用于营业网点（包括营业部）前台或后台进行交接班时填写，包括现金、重要空白凭证、有价单证、锁匙、密码、普通业务印章的交接
6	印章保管及印模登记簿	用于对营业机构使用的各种印章的启用、停用、上缴销毁进行登记，以作永久存档和明确责任
7	印章审批使用登记簿	用于营业机构对包括公章、结算用章、预留上级单位的印鉴在内的重要印章的审批使用情况进行登记
8	印章交接登记簿	用于登记各级行政公章、重要业务印章的交接情况

二、账务处理流程

（1）银行传统的账务处理流程（见图1-3）

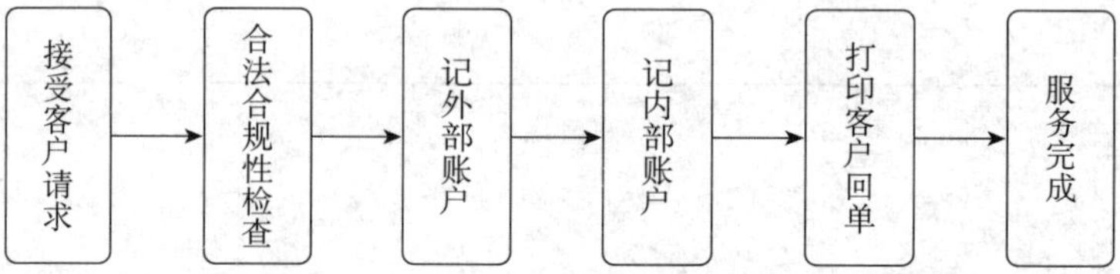

图1-3 银行传统的账务处理

（2）为更好地服务客户，缩短客户的等待时间，银行的服务流程有所改变。目前，绝大部分银行受理客户的服务请求时，先处理与客户密切相关的事，即先处理外部账户。银行的内部账及银行的内部传票、卡片账、辅助账簿等则在完成客户服务后再予以处理。流程见图1-4。

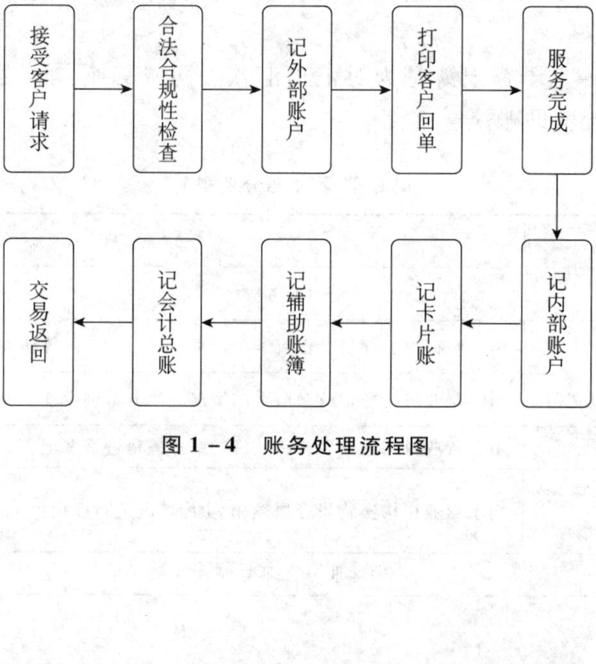

图1-4 账务处理流程图

三、账务核对

1. 核对现金

柜员查询系统中的现金箱余额，逐一清点现金箱实物，核对现金实物与账务是否相符。

2. 核对重要空白凭证

柜员应核对凭证实物与系统中对应的凭证种类余额是否相符。

3. 清点印章

柜员应逐个清点本人保管的业务印章和个人名章，检查是否齐全。

4. 检查分类账户的金额与其汇总账户的金额是否相等

即，会计中的所说的“账账相符”。

5. 核对记账凭证与原始凭证

将记账凭证按柜员凭证号自小至大顺序整理，逐笔核对记账凭证的各项记录与原始凭证是否相符，柜员凭证号是否连续。

6. 核对柜员流水清单与记账凭证

打印当日柜员流水清单，核对柜员流水清单记载事项与记账凭证是否相符。保证会计凭证的完整性，保证当天账务处理的正确性，保证记账凭证上各项要素完整正确。

四、错账调整

错账处理必须填制相关记账凭证，经会计主管审批、授权，方可做错账、调账处理。

账务调整申请表见表 1－6。

表 1－6　　**账务调整申请表**

申请部门：　　申请日期：

<table>
<tr><td>错账日期</td><td></td><td>账户名称</td><td></td></tr>
<tr><td>处理日期</td><td></td><td>账（卡）号</td><td></td></tr>
<tr><td>错账金额</td><td colspan="3">（大写）人民币　　（小写）¥</td></tr>
<tr><td>错账类型
错账原因</td><td colspan="3"></td></tr>
<tr><td>申请部门
意见</td><td colspan="3">负责人：　　签章</td></tr>
<tr><td>经办部门
处理意见</td><td>负责人：
签章</td><td>负责人：
签章</td><td>负责人：
签章</td></tr>
<tr><td>主管行领导
意见</td><td></td><td></td><td></td></tr>
<tr><td>处理结果</td><td colspan="3">经办人：</td></tr>
</table>

本申请书申请部门、科技部、会计结算部各持一联

1. 当日错账，使用抹账交易处理

对当日发生的账务差错，经会计主管审批，由原经办柜员使用抹账交易，使账务还原到

记账前状态的操作。

（1）处理原则。

①有错必纠，随时发现随时纠；

②错误的回单必须追回，并且请客户在原错误凭单上标注的“同意抹账/冲正”和重新填写的正确会计凭单上标注的“记录属实”字样旁边，签字确认后，再根据正确的会计凭单进行抹账或冲正处理。

③要坚持留痕的原则，保留当日监控录像，同时要尽量多的留存证据。

④调账处理前必须经会计主管批准。

⑤属于客户造成差错的，银行人员应协助处理。

（2）注意事项。

①抹账仅限于银行内部经办人员在办理业务时操作有误时使用。严禁应客户的要求将操作正确且记账成功的业务做抹账处理。

②对凭证金额或账号填错，账随之记错的内部当日错账，应先更正凭证，再作抹账处理。对抹账涉及重要空白凭证作废的，应将作废凭证号码抄录在抹账记账凭证上，作废凭证作抹账记账凭证附件。

③抹账业务必须由原记账柜员处理，且抹账交易不支持再抹账。

（3）处理方法。

①撤销该笔业务（抹账）。系统中，选择“抹账”交易，在原记账凭证上注明“此笔冲销”。

②抹账后需重新记账的，可以重新记账，并在新记账凭证上红字批注“重记 ××××（原错误记账凭证号）错账”字样。

任务导入

资料1：

个人客户王某，在广州银行A支行存入5 000元至活期储蓄存款账户，柜员办理完毕后，客户又要求全部取出。柜员请客户签字同意撤销该笔业务。

要求：做抹账处理。

资料2：

个人客户王某在广州银行A支行存入5 000元到活期储蓄存款账户，柜员记账时错记为500元，并收客户5 000元现金。客户在回单上签名时发现账记错，柜员请客户签字同意取消500元这笔业务并重新记账。

要求：抹账并重新记账。

案例分析

1. 某银行的一个储蓄网点，经办人员按照客户的要求，在一张一本通存折上办理了三笔定期存款业务，金额分别为5万元、4万元和3万元。办理完毕后，客户临时改变了主意，要少存2万元，于是经办人员办理了3万元存款的取消业务，由于打印机故障该笔存款的抹账记录没有在存折上打印出来，仅是出现了一个空行，接着又办了一笔1万元的定期存款业务，并按规定在抹账凭证上打印了抹账记录后，附在了新凭证后面。

存款到期后，客户与银行就存款金额和笔数产生了分歧，客户称自己一次性存入4笔共记13万元，而银行拿出了多项电脑记录显示只存入三笔即：5万元、4万元、1万元共计10万元的存款和一笔3万元的存款抹账记录。于是客户把该网点告上法庭。

请分析，在该笔抹账交易中，银行是否存在瑕疵？

2. 某客户在银行办理无卡存款后又要求撤回存款，原因是自己写错了银行卡号，将钱存到了另一位客户——丁客户的银行卡中。于是银行员为其做抹账，撤回存款。然而，丁发现银行将存入自己卡中的款项又无端划出，认为银行侵犯了自己的权益，遂将银行起诉至法院，要求银行返还存款。

请分析，在该笔抹账交易中，银行是否存在瑕疵？

2. 隔日及本年度错账，使用红蓝字同方向冲正和补账组合的方式来冲正

提示

抹账、冲正区别

抹账是取消了该笔业务。而冲正并非取消了业务，而是在已经做完的业务基础上，发现有误，把账务冲正、配平、冲到对应的科目里。

（1）记账凭证中的借贷双方账户入错，而金额正确，采用红蓝字更冲正。经办柜员应按红字凭证记入错账账户，按蓝字凭证记入正确的账户。原错账凭证上用红字注明“已于×年×月×日冲正”字样。

（2）记账凭证的账户及金额正确，只是借贷方向记反，采用红字更正法编制红字冲销传票，冲销错误记录，同时按照正确的方向编制蓝字会计凭证。

（3）记账凭证中的借贷双方账户正确，而金额错误，所填金额大于或小于应填写的正确金额：大于的，采用红字更正法编制红字凭证，将错误的金额全数冲销，再用蓝字编制正确的凭证；小于的，将减少的金额补记，或者将错误的金额全数冲销，再用蓝字编制正确的凭证。

3. 以前年度错账，分情况处理

（1）上年度的业务在本年度发现错误，若影响上年度损益调整的，因为年度决算报表已经形成，不能轻易冲销交易，更改决算报表，因此只能使用蓝字对账务进行冲正，使其账务正确使用反向蓝字冲正法。冲销时，先用蓝字编制一套会计凭证，其会计科目、账户、金额等与原有凭证完全一致，只是借贷方向相反，以冲销上年度错账。然后，再用蓝字编制正

确的会计凭证。

（2）若对上年度损益无影响的，采用红字更正法。

4. 手工账簿登记错误冲正

在结账以前，如果发现手工账簿中所记文字或数字错误，而记账凭证无错误，只是账记错了，采用红线更正法更正。更正时，会计经办人员先在错误的文字和数字上划一条红线，表示注销；然后将正确的数字和文字用蓝字写在被注销的文字上方，记账人员同时在更正处盖章，以明确责任。更正完毕交复核人员确认，但必须注意，对于错误数字应当全部划销，不得只划销写错的个别数字，并对划销的数字，不许全部涂抹，应当使原有字迹仍能辨认，以备日后考察。

扫描二维码，可查看图例。

拓展知识

任务导入

资料：

单位客户甲公司在广州银行A支行办理转账业务，申请转入乙公司存款账户50 000元。柜员错转入丙公司50 000元。柜员隔日发现。取得丙公司签字同意后，重新进行账务处理。

要求：冲正处理。

2 项目二 个人存贷款业务的核算

知识目标

1. 了解个人存款业务类型。
2. 领会各类个人存款业务相关规定。
3. 领会各类个人贷款业务相关规定。
4. 熟悉个人存贷款利息计算要求。
5. 掌握相关会计科目的设置和使用。

技能目标

1. 根据活期储蓄存款业务处理要求，完成会计处理。
2. 根据各类定期储蓄存款业务处理要求，完成会计处理。
3. 根据个人通知存款业务处理要求，完成会计处理。
4. 根据个人贷款业务处理要求，完成会计处理。
5. 根据个人信用卡业务处理要求，完成会计处理。

素养目标

1. 培养学生依法办事、坚守准则、保守秘密的职业修养。
2. 培养学生认真、细致、严谨的工作作风和敬业精神。
3. 培养学生诚实守信的职业道德和廉洁自律的会计品格。
4. 培养学生分工明确、职责明晰、协同高效的会计岗位意识。

模块一
个人存款业务的核算

单元一　活期储蓄存款业务的核算

知识准备

一、相关规定

活期储蓄存款，是指不约定存期、客户可随时存取款、存取金额不限的一种储蓄方式。

（1）1 元起存，多存不限。

（2）由银行发给存折或卡，开户后可凭存折或卡随时存取。

（3）客户预留银行印鉴或密码的，凭印鉴或密码支取。

（4）如果账户存有余额，利息按结息日（6 月 30 日）挂牌的活期储蓄存款利率计付。如果全部支取存款时，按支取日挂牌活期储蓄存款利率计付利息。

二、相关会计科目的设置及使用

1. 库存现金

"库存现金"属于资产类科目，用于核算银行库存的人民币、外币现金、自助设备占款以及运送中的外币现金。

"库存现金"期末余额在借方，反映本行持有的库存现金。

2. 吸收存款

"吸收存款"属于负债类科目，用于核算商业银行吸收的除同业存放款项以外的其他各种存款，包括单位存款（企业、事业单位、机关、社会团体等）、个人存款、信用卡存款、特种存款、转贷款资金和财政性存款等。

"吸收存款"为一级科目，可按存款类别，设置二级及三级科目。例如，二级科目吸收定期储蓄存款，下设三级科目包括：吸收整存整取储蓄存款、吸收零存整取等储蓄存款等。

"吸收存款"期末余额在贷方，反映银行吸收的除同业存放款项以外的其他各项存款。

3. 利息支出

"利息支出"属于损益类科目，用于核算银行发生的各项利息支出，包括吸收的各种存款（单位存款、个人存款、信用卡存款、特种存款、转贷款资金等）、与其他金融机构（中央银行、同业等）之间发生资金往来业务、卖出回购金融资产等产生的利息支出。

"利息支出"可按利息支出项目设置二级及三级科目。

资产负债表日，银行根据计算确定的各项利息费用的金额，借记本科目，贷记有关科目。期末，应将本科目余额转入“本年利润”科目，结转后本科目无余额。

4. 应付利息

“应付利息”属于负债类科目，用于核算银行按照合同约定应支付的利息，包括吸收存款、同业存放拆入资金等应支付的利息。

“应付利息”可按业务类别设置二级及三级科目。

“应付利息”期末余额在贷方，反映银行按照合同约定应支付但尚未支付的利息。

5. 上存辖内款项

“上存辖内款项”属于资产类科目，反映经办行在清算行的备付金，由经办行使用。

“上存辖内款项”期末余额在借方，反映经办行在清算行的存款余额。

业务核算

一、开户

1. 提示客户填写开户申请（见表 2－1）

表 2－1　　开户申请

中国银行 BANK OF CHINA

中国银行股份有限公司个人账户开户及综合服务申请表

客户信息

*姓名______ *性别 □男 □女 *国籍 □中国 □其他______
*证件类型 □居民身份证 □护照 其他______
*证件号码______
*发证机关______证件到期日______年___月___日 □永久有效
*家庭地址______（省/自治区/直辖市）______（市/区/县）______（街道/小区）
*邮政编码______ *职业______ *月收入______
资金来源______ 资金用途______开户用途______
家庭电话______ *手机号码______E-mail地址______
*代理人姓名______*联系电话______
*证件类型______*证件号码______
*通讯地址______代办理由______
注：注明“*”的栏位为必填项，其他为选填项。

借记卡、储蓄产品

□长城电子借记卡 □中银理财贵宾卡 □其他______
□活期对账簿 □定期对账簿 □开立附属卡
□活期一本通 □定期一本通 □整存整取 □通知存款(1天 7天 7天约定转存) □普通活期
□定活两便 □教育储蓄 □零存整取 □凭证式国债 □存本取息 □其他______
转存方式：自动转存 □是 □否 支取方式：□凭密码支取 □其他______
利息支取方式 □转入其他账户 账号______
□中国银行信用卡产品 （请补充提交以下信息）
姓名拼音（请在姓和名之前以空格隔开，并与护照名保持一致）
| | | | | | | | | | | | | | | | | | |
信用卡常用地区（省/自治区/直辖市）：
交易卡号/账号______
（存量客户如需要开通我行产品或综合服务功能，请填写卡号）

功能管理

渠道服务：
网上银行	□开通	□查询版 □理财版 □贵宾版 □升级到理财版 □升级到贵宾版	认证工具选择 □E-TOKEN+手机交易码（手机交易码将发到客户资料中的手机号码中） □USBKEY证书
家居银行	□开通		
手机银行	□开通 □开通手机银行号码登录，签约手机号码______ □开通手机银行用户名登录		
短信通知（另请签订服务协议）	□开通 签约号码______		
E-mail通知	□开通 E-mail______		

电话银行：□开通 □代客交易 □指定交易
转出账户 ______ 账号1______账号2______
交易限额 ______ 单笔 ______ 每日______交易电话______
转入账户 账号1______收款人姓名______开户行______
账号2______收款人姓名______开户行______

关联账户：
	网银/手机银行	电话银行	短信平台	借记卡
账号1______	□	□	□	□
账号2______	□	□	□	□
账号3______	□	□	□	□
账号4______	□	□	□	□

投资理财：
理财账户	□签约（另请签订服务协议）签约账号 □同交易卡号/账号 □其他		
基金代销	□开通（另请签订服务协议）	储蓄式记账式国债	□储蓄式国债开通 资金账号______ □同交易卡号/账号 □记账式国债开通 □其他______
第三方存管/B股银证转账	□开通（另请签订服务协议）		
银期转账	□开通 资金账号 □同交易卡号/账号 □其他______		

本人承诺上述所提供的开户资料真实、有效，如有伪造、欺诈，自愿承担法律责任。
本人已阅读并了解本申请表中“中国银行股份有限公司个人账户开户及综合服务协议书”的有关条款，保证遵照该协议的有关约定、客户须知、服务协议和银行最新业务章程、业务规则、业务规定办理相关业务。

申请人(代办人)签字______ ______年___月___日　　银行签章______经办人______

第三联　客户留存联

2. 审核单证

（1）开户填写内容与身份证是否一致。

（2）存款金额与缴纳现金是否相符。

（3）身份证的真伪。

3. 清点现金无误后，经办人员进行数据录入，在存折上加盖个人名章、业务公章后，叫名核对，将存折交与储户

4. 会计分录

借：库存现金

　　贷：吸收存款——活期储蓄存款——××户

5. 开户登记

登记开销户登记簿

6. 表外登记

付：重要空白凭证——活期储蓄存折 1 本——××户

二、续存业务核算

（一）现金续存

同上。

（二）转账续存

1. 同网点内不同账号之间转账续存

借：吸收存款——活期储蓄存款——××户

　　贷：吸收存款——活期储蓄存款——××户

2. 系统内不同网点转账续存

借：上存辖内款项

　　贷：吸收存款——活期储蓄存款——××户

3. 跨行转账及第三方支付平台（银联、微信及支付宝等）转入续存

参见项目六模块三“小额支付系统业务核算”。

三、支取业务核算

1. 现金支取

（1）储户提交存折或卡，或者口述支取金额。

（2）柜台经办人员调出原账户，核对该户的户名，账号及余额是否相符以及是否透支，是否为大额交易以及可疑交易。

（3）核对无误后，将配好的款项再次复点无误后，在凭条、存折上加盖“付讫章”和个人名章，将存折及现金交付储户。

（4）经办人员进行数据录入，会计分录如下。

借：吸收存款——活期储蓄存款——存款人户

　　贷：库存现金

2. 转账支取

借：吸收存款——活期储蓄存款——××户

　　贷：上存辖内款项

3. 跨行转账及第三方支付平台（银联微信、支付宝等）支取。

参见项目六模块三“小额支付系统业务核算”。

四、结息日计提利息

1. 相关知识

（1）存款的计息起点为元，元以下角分不计利息。我国1999年的《人民币利率管理规定》提到，元以下尾数不计息。但是，目前绝大部分银行已经突破此限制，给付客户利息。

（2）利息金额算至分位，分以下尾数四舍五入。

（3）复利计息。应注意：除活期储蓄在年度结息时，利息并入本金外，各种储蓄存款不论存期多长，一律不计复息。

（4）活期储蓄存款是按季结息，每一季度末的20日为结息日，次日转到账户。

（5）存期，通常按照实际天数，算头不算尾。

算头不算尾是银行确定存、贷款计息期的一种方法，一项基本规定。

所谓“算头不算尾”，是指存款户或贷款户的余额自发生变化之日起（算首）算到该账户再次发生变化的前一天止，余额再次发生变化的当天不计算在内（不算尾）。即存款利息自存入之日起到支取的前一天止，支取的当天不计算在内。

贷款利息自发放之日起到归还的前一天止，归还的当天不计算在内。

案例分析

某客户于2020年4月3日存入5 000元，于4月25日销户支取，则计息天数应为多少天？

请分析，如遇结息日，算头不算尾应该如何处理？

（6）不论何时存入的款项，如遇利率调整，均以结息日挂牌公告的活期存款利率计付利息，分段计息。销户时，按照销户日挂牌公告的利率计付利息。

（7）通常采用计息积数法计算利息

①计算计息积数＝每日账户存款余额×该存款的实存天数

②利息＝累计计息积数×日利率

2. 业务核算

借：利息支出——活期储蓄存款利息支出——××客户
　　贷：应付利息——应付活期储蓄存款利息——××客户

五、结息日次日支付利息

借：应付利息——应付活期储蓄存款利息——××客户
　　贷：吸收存款——活期储蓄存款——××客户

六、期末（资产负债表日）计提利息

借：利息支出——活期储蓄存款利息支出——××客户
　　贷：应付利息——应付活期储蓄存款利息——××客户

七、销户

（1）储户提交存折或卡，口述业务。

（2）柜台经办人员调出原账户，核对该户的户名，账号是否相符，核对无误后，计算机自动结息。

（3）打印取款凭条、存折及利息清单，提示储户签名确认。

（4）经办人员进行业务数据录入。

（5）依据取款凭条、存折及利息清单，凭以配款，搭配主辅币，将利息清单第二联及现金交付储户。

（6）会计分录如下：

① 计提利息：

借：利息支出——活期储蓄存款利息支出——××客户

　　贷：应付利息——应付活期储蓄存款利息——××客户

② 将本金及应付利息以现金形式支付给客户，会计分录：

借：吸收存款——活期储蓄存款——存款人户

　　应付利息——应付活期储蓄存款利息——××客户

　　贷：库存现金

（7）销户登记。

任务导入

资料：

广发银行广州A支行的储户张立活期储蓄存款账户的有关记录如下：

（1）2020年3月22日开户存入活期储蓄存款50 000元现金。

（2）2020年4月5日支取20 000元现金。

（3）2020年5月21日续存70 000元现金。

（4）2020年6月5日续存20 000元。

（5）2020年7月5日，销户。

注：活期存款利率为0.35%。银行每月月底计提利息。

要求：

对本年7月5号之前（含7月5号）的各项业务，进行相应的会计处理（注意期末计提利息）。

单元二　定期储蓄存款业务的核算

知识准备

（1）定期储蓄到期支取，期间不论利率是否调整，均按存单开户日所定利率计付利息。

（2）逾期部分（自动转存除外），均按支取日挂牌公告的个人活期存款利率计付利息。

（3）全部提前支取和部分提前支取的部分，均按支取日挂牌公告的活期存款利率计付利息，未支取部分仍按原存单所定利率计息。

（4）存期，按照对年、对月、对日计算。如遇开户日为到期月份所缺日期，则以到期月的末日为到期日。例如，1 月 31 日存入一笔 3 个月的整存整取款项，其到期日为 4 月 30 号。

（5）单利计息。定期存款产生的利息不再并入本金继续计息。

▣ 业务核算

一、核算整存整取业务

1. 开户业务

（1）提示客户填写开户申请。储户申请开户时，应填写定期储蓄存款开户申请书，连同现金、身份证件交银行经办人员。（如果之前已在该行开户，此环节可省略。）

（2）审核单证。

（3）清点现金无误后，经办人员进行数据录入。

（4）经办人员，在定期存折（或存单）上加盖个人名章、业务公章后，叫名核对，将存折（或存单）交与储户，现金入柜。

（5）会计分录：

借：库存现金

　　贷：吸收存款——整存整取定期储蓄存款——××户

（6）开户登记。

（7）表外登记。

付：重要空白凭证——定期储蓄存折 1 本——××户

2. 资产负债表日，预提应付利息

为遵循权责发生制原则，银行对定期存款按期计提应付利息，一般按季（月）预提应付利息，计入当期损益。预提利息时，无论大月、小月、平月、闰月，每月均按 30 天计算，每年均按 360 天计算。

借：利息支出——整存整取储蓄存款利息支出——××客户

　　贷：应付利息——应付整存整取储蓄存款利息——××客户

3. 到期或者过期支取业务

（1）储户提交存折或存单，口述业务。

（2）柜台经办人员调出原账户，审核存单是否挂失，核对该户的户名，账号是否相符。

（3）核对无误后，结息。

（4）经办人员进行业务数据录入。打印取款凭条及利息清单，提示储户签名确认。

（5）将存折（大多数银行都会收回储户销户的存折，但少数银行已开始将存折“芯”还给顾客）内页、利息清单以及现金交付储户。

（6）会计分录。

①计提利息：

借：利息支出——整存整取储蓄存款利息支出——××客户

　　贷：应付利息——应付整存整取储蓄存款利息——××客户

②将本金及应付利息以现金形式支付给客户：

借：吸收存款——整存整取储蓄存款——××户

借：应付利息——应付整存整取储蓄存款利息——××客户（以往计提利息累计额+本期计提利息）

贷：库存现金

4. 提前支取业务

（1）储户提交存折或存单，口述业务。

（2）柜台经办人员调出原账户，审核存单是否挂失，核对该户的户名、账号是否相符。

（3）核对无误后，结息。

（4）经办人员进行业务数据录入。将提前支取的本金及应付利息以现金形式支付给客户。按照剩余额度生成新的储蓄存款凭条，提示储户签名确认。

（5）会计分录。

①计提利息（提前支取部分按活期利率计息）：

借：利息支出——整存整取储蓄存款利息支出——××户

贷：应付利息——应付整存整取储蓄存款利息——××户

②红字冲回以往预提利息

借：利息支出——整存整取储蓄存款利息支出——××户（以往计提利息累计额）

贷：应付利息——应付整存整取储蓄存款利息——××户（以往计提利息累计额）

③将提前支取的本金及应付利息以现金形式支付给客户，剩余金额续存。

借：吸收存款——整存整取储蓄存款——××户（原存单金额）

应付利息——整存整取储蓄存款利息支出——××户

贷：库存现金（提前支取本金以及应付利息）

吸收存款——整存整取储蓄存款——××户（未支取金额）

任务导入

资料：

广发银行广州A支行的储户王朝于2019年10月10日开户存入20 000元现金，定期1年，存入时挂牌利率为2.25%。期间，银行每季度最末月的月底计提利息。活期储蓄存款利率为0.35%。

要求：

（1）如果该储户2020年10月10日到期支取本息，计算该储户到期应得利息并对相关业务进行会计处理。

（2）如果该储户2020年10月30日支取全部本息，计算该储户到期应得利息并对到期业务进行会计处理。

（3）如果该储户于2020年6月10日要求支取5 000元，其余部分到期支取。计算该储户截至6月10号应得利息，并对相关业务进行会计处理。

二、核算零存整取业务

零存整取是每月固定金额存入，约定存款期限，到期一次支取本息的定期储蓄存款。存期分一年、三年和五年。可以全部提前支取，不允许部分提前支取。中途如有漏存，应在次月补齐，只有一次补交机会。未补存者，视同违约，对违约后存入的部分，支取时按活期利率计算利息。

1. 开户存入款项处理

由储户填写“零存整取定期储蓄存款凭条”，与银行约定每月存储金额和存期，交存一定金额，凭有效身份证件办理开户。

经办员审查存款凭条和点收现金无误后，进行会计核算。会计分录如下：

借：库存现金

　　贷：吸收存款——零存整取储蓄存款——××户

付：重要空白凭证——零存整取储蓄存折1本——王朝

2. 自动续存

客户可以约定零存整取账户进行自动供款，即在开立零存整取存款时，由客户指定某一活期存款账户，系统自动按月从该活期账户扣划相应金额至零存整取账户。

借：吸收存款——活期储蓄存款——××户

　　贷：吸收存款——零存整取储蓄存款——××户

3. 利息计算

零存整取储蓄存款是逐月存入的，余额逐月增加而不是固定余额，因此其利息计算，通常采用月积数计息法和固定基数计息法。

（1）月积数计息法：

利息＝（第一个月存款余额＋最后一个月存款余额）×存入次数/2×月利率

（2）固定基数计息法：

利息＝1元×（存入总次数＋1）/2×月利率×存款金额

4. 预提应付利息

借：利息支出——零存整取储蓄存款利息支出——××户

　　贷：应付利息——应付零存整取储蓄存款利息——××户

5. 支取业务核算

（1）到期支取。储户持到期的存折来行取款时，经办员应审查存折确系本行签发并已到期。经账、折核对后，计算利息，注销存折并在存款和分户账上加盖“结清”戳记。会计分录如下：

借：吸收存款——零存整取储蓄存款——××户

　　应付利息——应付零存整取储蓄存款利息——××户

　　贷：库存现金

（2）提前支取。提前支取利息应按支取日挂牌公告的活期储蓄存款利率计息，其余参照“到期支取业务”流程办理。

（3）过期支取。过期利息应按支取日挂牌公告的活期储蓄存款利率计息。其余参照“到期支取业务”流程办理。

任务导入

资料：

广发银行A支行储户李四于2019年10月20日与银行约定办理零存整取业务，期限为1年，约定每月20号存入1 000元，存入时挂牌利率1.35%。2020年10月20日，该客户来行支取，办理结清业务。每季度末月最后一天计提利息。

要求：请对相关业务开展会计处理。

三、整存零取业务的核算

整存零取是指在开户时约定存款期限，本金一次存入，固定期限分次支取本金，到期支取全部利息的一种定期储蓄。存期分一年、三年和五年。分期按本金平均支取。支取期分为一个月、三个月及半年一次。若该取的时候不取，相应数额会转入活期储蓄。

若储户要求部分提前支取，可提前支取1—2次，但须在以后月份停止1—2次。其余支取日期按原定不变。如果提前支取全部余额（不支持部分提前支取），则根据实存金额及实存日期按活期计算。

1. 开户

由储户填写“整存零取定期储蓄存款凭条”，与银行约定每月取款金额和存期，交存一定金额。凭有效身份证件办理开户。

经办员审查存款凭条和点收现金无误后，进行会计核算。会计分录如下：

借：库存现金

　　贷：吸收存款——整存零取储蓄存款——××户

付：重要空白凭证——整存零取储蓄存折1本——××户

2. 分次支取

储户可以通过网点柜台、自助网上银行或者手机银行，办理取款或者转入其活期储蓄账户。

借：吸收存款——整存零取储蓄存款——××户

　　贷：库存现金

或，贷：吸收存款——活期储蓄存款——××户

3. 利息计算

整存零取储蓄存款是一次存入，余额逐渐减少，而不是固定本金。因此，其利息计算可比照零存整取采用月积数计息法。

4. 预提应付利息

参考“整存整取业务”流程办理。

5. 结清

储户于存款期满最后一次取款时，除按分次取款手续处理外，还应计付全部利息。会计分录如下：

（1）计提利息，会计分录如下：

借：利息支出——整存零取储蓄存款利息支出——××户

贷：应付利息——应付整存零取储蓄存款利息——××户

（2）支付本利和，会计分录如下：

借：吸收存款——整存零取定期储蓄存款——××户

应付利息——应付整存零取定期储蓄存款利息——××户

贷：库存现金

任务导入

资料：

广发银行广州A支行储户李然于2019年10月20日与银行约定办理零存整取业务，存入12 000元，期限1年，约定每月1日取款1 000元，转存该客户本行活期储蓄存款账户。存入时挂牌利率为1.35%。2020年10月20日，该客户来行支取，办理结清业务。每季度末月最后一天计提利息。

要求：对相关业务开展会计处理。

四、核算存本取息业务

存本取息是一次存入本金，按照固定期限分次支取利息，到期一次支取本金的定期储蓄品种，5 000元起存，存期分一年、三年和五年。支取利息的期次，可定为一个月或几个月取一次，由储户确定。储户可进行全额提前支取本金，但是不能办理部分提前支取。

1. 开户

由储户填写“存本取息”定期储蓄存款凭条，与银行约定每月取息金额和存期，交存一定金额。凭有效身份证件办理开户。

经办员审查存款凭条和点收现金无误后，进行会计核算。会计分录如下：

借：库存现金

贷：吸收存款——吸收存本取息储蓄存款——××户

付：重要空白凭证——存本取息储蓄存折1本——××户

2. 分次支取利息

储户可以通过网点柜台、自助网上银行或者手机银行，办理取款。

（1）计提利息。

每次支取利息＝本金×存期×年利率/支取利息次数

借：利息支出——存本取息储蓄存款利息支出——××户

贷：应付利息——应付存本取息储蓄存款利息——××户

（2）支付利息。

借：应付利息——应付存本取息储蓄存款利息——××户

贷：库存现金

3. 到期支取

储户于存款期满最后一次取款时，除按分次取款手续处理外，还应支付客户本金。会计分录如下：

（1）计提利息

借：利息支出——存本取息储蓄存款利息支出——××户

贷：应付利息——应付存本取息储蓄存款利息——××户

（2）支付本利和

借：吸收存款——存本取息储蓄存款——××户

应付利息——应付存本取息储蓄存款利息——××户

贷：库存现金（本金+最后1期利息）

4. 提前支取

（1）将已经支取的利息金额，用红字冲回。会计分录如下：

借：应付利息——应付存本取息储蓄存款利息——××户（红字）

贷：库存现金（红字）

（2）计算提前支取时应付利息

提前支取时应付利息=本金×实际存期×利率（支取日挂牌活期储蓄存款利率）-已付利息

（3）如果已付利息小于提前支取时应付利息。会计分录如下：

①计提利息。

借：利息支出——存本取息储蓄存款利息支出——××户

贷：应付利息——应付存本取息储蓄存款利息——××户

②支付本利和

借：吸收存款——存本取息储蓄存款——××户（应付利息-已付利息）

应付利息——应付存本取息储蓄存款利息——××户

贷：库存现金（实付利息+本金）

（4）如果已支付利息大于提前支取的应付利息，先从本金中扣除，再办理付款手续。会计分录如下：

①冲减应付利息。会计分录如下：

借：应付利息——应付存本取息储蓄存款利息——××户（已付利息-应付利息）

贷：利息支出——存本取息储蓄存款利息支出——××户（已付利息-应付利息）

②支付本金及冲减后的利息给客户。会计分录如下：

借：吸收存款——存本取息储蓄存款——××户

贷：应付利息——应付存本取息储蓄存款利息——××户（已付利息-应付利息）

库存现金（本金-已付利息+应付利息）

任务导入

资料：

2017年4月1日，广发银行广州A支行，为客户张某办理一次存入100万元三年期存本取息业务，约定每两个月支取一次利息，取息日为每月1日，存入时挂牌利率为1.550%。每季度末月底计提利息。

要求：

1. 2020年4月1日，客户来行办理到期支取本金业务，请对各项业务进行会计处理。

2. 假设，2017 年 6 月 8 日，客户办理提前支取，支取日活期存款利率为 0.30%，请对支取日业务进行会计处理。

单元三　定活两便存款业务的核算

■ 知识准备

定活两便是一种事先不约定存期，一次性存入，随时支取的储蓄存款。具有定期或活期储蓄的双重性质，50 元起存。其主要优势如下：

1. 活期之便

开户时不必约定存期。

2. 定期之利

（1）存期三个月以内的按支取日挂牌公告的活期利率计算。

（2）三个月以上的（含三个月），不足六个月的，按支取日挂牌公告的三个月整存整取定期存款利率的六折计算。

（3）六个月以上的（含六个月），不足十二个月的，按支取日挂牌公告的六个月整存整取定期存款利率的六折计算。

（4）存期在十二个月以上（含十二个月），无论存期多长，整个存期一律按支取日挂牌公告的一年期整存整取存款利率打六折计息。

定活两便储蓄存款需一次性支取本息，不支持部分提前支取。

■ 业务核算

1. 开户

填写“定活两便储蓄存单”，见表 2－2。

表 2－2

智盛模拟银行　　定活两便储蓄存单（普通）

科目（储）　　NO.

存入日		起息日		属性		通兑		操作	
账号______				户名______			原账号______		
存入金额									
							银行签章		

（客户印章）　事后监督　支取时：复核（授权）　经办　存入时：复核（授权）　经办

会计分录如下：

借：库存现金

　　贷：吸收存款——定活两便储蓄存款——××户

付：重要空白凭证——定活两便储蓄存折1本—××户

2. 资产负债表日，计提利息

按照当天挂牌活期储蓄存款利率计提利息，会计分录如下：

借：应付利息——应付定活两便储蓄存款利息——××户

　　贷：利息支出——定活两便储蓄存款利息支出——××户

3. 到期支取业务处理

（1）根据实际存期，计算实付利息。

（2）将已经计提的利息金额，用红字冲回。会计分录如下：

借：应付利息——应付定活两便储蓄存款利息——××户（红字）

　　贷：利息支出——定活两便储蓄存款利息支出——××户（红字）

（3）按实际存期，计提应付利息。

借：利息支出——定活两储蓄存款利息支出——××户

　　贷：应付利息——应付定活两便储蓄存款利息——××户

（4）将按照实际存期的应付利息，连同本金一并支付给客户，会计分录如下：

借：吸收存款——定活两便储蓄存款——××户

　　应付利息——应付定活两便储蓄存款利息——××户

　　贷：库存现金

任务导入

资料：

2019年4月8日，工商银行番禺某支行，为客户李某办理一次存入1万元定活两便存款业务。每季度末月底计提利息。2020年7月20日，客户来行办理结清业务。期间活期储蓄存款利率为0.30%。

要求：请对各项业务进行会计处理。

单元四　个人通知存款业务的核算

知识准备

1. 定义

不约定存期，支取时需提前通知银行，约定支取日期和金额方能支取的存款。

2. 起存金额

起存金额为5万元，最低支取金额为5万元。存款人需一次性存入，不允许续存。

3. 类型

按照提前通知的期限长短划，个人通知存款业务可为一天通知存款和七天通知存款。

4. 利息计算要求

（1）到期支取，按到期日挂牌公告的通知存款利率和实际天数计息，利随本清。

到期应付利息 = 本金 × 存期天数（1 天或 7 天）× 存款到期日相应档次通知存款年利率/360。

（2）提前支取，按支取日挂牌公告的活期存款利率和实际天数计息。

提前支取应付利息 = 本金 × 存期天数 × 存款支取日活期存款年利率/360

5. 计提利息

在存期内，按照支取日银行规定的相应通知存款利率每季度计提利息。

6. 如遇以下情况，通知存款按活期存款利率计息

①实际存期不足通知期限的，按活期存款利率计息。

②未提前通知而支取的，支取部分按活期存款利率计息。

③已办理通知手续而提前支取或逾期支取的，支取部分按活期存款利率计息。

④支取金额不足约定金额的，支取金额全部按活期存款利率计息。

⑤支取金额超过约定金额的，超过部分按活期存款利率计息。

⑥支取金额不足约定最低支取金额的，按活期存款利率计息。

7. 已办理通知手续而不支取或在通知期限内取消通知的，通知期限内不计算利息

8. 通知存款部分支取

留存部分高于最低起存金额的，需重新填写通知存款单或凭证，从原开户日计算存期；留存部分低于起存金额的予以清户，按清户日挂牌公告的活期存款利率计息，或根据存款人意愿转为其他存款。

9. 最低支取金额

个人最低支取金额为 5 万元，可以一次或分次支取。

业务核算

1. 开户

由储户填写“通知存款储蓄存款凭条”，约定通知存款品种（提前 1 天或提前 7 天通知存款）交存足够金额，凭有效身份证件办理开户。

通知存款存入时，存款人自由选择通知存款品种（一天通知存款或七天通知存款），但存单或存款凭证上不注明存期和利率，金融机构按支取日挂牌公告的相应利率水平和实际存期计息。

经办员审查存款凭条和点收现金无误后，进行会计核算。会计分录如下：

借：库存现金

　　贷：吸收存款——吸收个人通知存款（提前 1 天或 7 天）——××户

表外登记：

付：重要空白凭证——个人通知储蓄存折 1 本——××户

开立通知存款分户账和存折，存折加盖业务公章后交储户。存折不注明存期和利率，按支取日挂牌公告的相应利率水平和实际存期计息，利随本清。

2. 资产负债表日，计提利息

按照约定的提前通知期限计提利息。会计分录如下：

借：利息支出——个人通知存款利息支出——××户

　　贷：应付利息——应付个人通知存款利息——××户

3. 按照约定期限，提前通知银行，办理支取业务

（1）计提利息。会计分录如下：

借：利息支出——个人通知存款利息支出——××户

　　贷：应付利息——应付个人通知存款利息——××户

（2）将按照实际存期计算的应付利息，连同本金一并支付给客户。会计分录如下：

借：吸收存款——吸收个人通知存款——××户

　　应付利息——应付个人通知存款利息——××户

　　贷：库存现金

任务导入

资料：

广发银行广州A支行某客户李某，于2019年10月8日与银行约定存入通知存款储蓄300 000元（提前7天）。提前7天通知存款利率为1.110%。活期储蓄存款利率均为0.30%。银行于每月月底计提利息。该客户交易记录如下：

1. 2019年11月2日李某通知银行，于2019年11月9日支取50 000元（已取）。
2. 2019年11月21日李某通知银行，提前7天支取全部剩余款项，结果未取。
3. 2019年12月1日支取70 000元（未通知）。
4. 2019年12月3日李某通知银行，于2019年10月10日支取80 000元（实际支取78 000元）。
5. 2019年12月12日李某通知银行计划于同年12月19日支取50 000元，实际到期支取56 000元。

要求：请对相关业务进行会计处理。

模块二 个人贷款业务的核算

知识准备

一、个人贷款相关会计科目的设置及使用

1. 贷款

核算银行按规定发放的各种客户贷款业务。

本科目可按贷款类别（个人住房贷款、个人消费贷款、个人经营贷款等）、客户，设置二级和三级科目，及分别对“本金”“利息调整”“已减值”等进行明细核算。

银行发放贷款，应按贷款的合同本金，借记本科目（本金），按实际支付的金额，贷记有关科目。收回贷款时，按归还的贷款本金，贷记本科目（本金），借记有关科目。

2. 利息收入

本科目核算银行确认的利息收入，包括发放的各类贷款（银团贷款、贸易融资、贴现和转贴现融出资金、协议透支、信用卡透支、转贷款、垫款等）、与其他金融机构（中央银行、同业等）之间发生资金往来业务、买入返售金融资产等实现的利息收入等。

本科目属于损益类科目，可按业务类别进行明细核算。

资产负债表日，银行按合同利率计算确定的应收未收利息，借记“应收利息”等科目，按摊余成本和实际利率计算确定的利息收入，贷记本科目，按其差额借记或贷记本科目（利息调整）。（实际利率与合同利率差异较小的，也可以采用合同利率计算确定利息收入。）

期末，应将本科目余额转入“本年利润”科目，结转后本科目无余额。

3. 应收利息

本科目核算银行发放贷款、持有至到期投资、可供出售金融资产、存放中央银行款项、拆出资金、买入返售金融资产等应收取的利息。（银行购入的一次还本付息的持有至到期投资持有期间取得的利息，在“持有至到期投资”科目核算，不在本科目核算。）

属于资产类科目，可以按照借款人进行明细核算。

发生应收利息时，按合同约定的名义利率计算确定的应收未收利息，借记本科目，贷记“利息收入”等科目。实际收到利息时，借记有关科目，贷记本科目。

本科目期末借方余额，反映企业尚未收回的利息。

4. 贷款损失准备

本科目为资产类科目，是贷款科目的备抵科目，核算商业银行贷款的减值准备。

本科目为一级科目，按照贷款损失准备类别设置二级科目，在资产类别下按借款人进行明细核算。

资产负债表日，贷款发生减值的，按应减记的金额，借记“资产减值损失”科目，贷记本科目；对于确实无法收回的各项贷款，按管理权限报经批准后予以转销，借记“贷款损失准备”科目，贷记“贷款”“贴现资产”等科目。

已计提贷款损失准备的贷款价值以后又得以恢复，应在原已计提的贷款损失准备金额内，按恢复增加的金额，借记“贷款损失准备”科目，贷记“资产减值损失”科目。

该科目期末余额在贷方，反映商业银行已计提但尚未转销的贷款损失准备。

5. 资产减值损失

本科目为损益类科目，核算银行计提各项资产减值准备所形成的损失。

期末，应将本科目余额转入“本年利润”科目，结转后本科目无余额。

本科目为一级科目，设置有贷款减值损失、持有至到期投资减值损失、抵债资产跌价损失等二级科目。

确认损失时，借记本科目，贷记有关科目。转回时，做相反分录。期末结转时，借记“本年利润”科目，贷记本科目。

6. 抵债资产

本科目核算企业（金融）依法取得并准备按有关规定进行处置的实物抵债资产的价值，本科目不计提折旧或摊销。

本科目应当按照抵债资产类别（如土地使用权、房屋及建筑物、运输工具、机器设备等）及借款人进行明细核算。

银行取得抵债资产，应按其公允价值，借记本科目，原已计提资产减值准备的，借记“贷款损失准备”等科目，按应收债权的账面余额，贷记“已减值贷款”等科目。

银行取得抵债资产后如转为自用，应在相关手续办妥时，按转为自用资产的账面价值，借记“固定资产”等科目，贷记本科目。

7. 抵债资产跌价准备

本科目核算和反映银行抵债资产的跌价准备。

本科目属于资产类科目的备抵科目，其分户账余额反映在贷方，在资产负债表中不单独列示，与抵债资产相抵后以净额列示于“其他资产”项目。

本科目期末贷款余额，反映银行已计提但尚未转销的抵债资产跌价准备。

本科目为以一级科目，按照抵债资产跌价准备类别设置二级科目，在资产类别下按借款人进行明细核算。

资产负债表日，抵债资产发生减值的，计提减值准备，借记“资产减值损失——抵债资产跌价损失”，贷记本科目。

8. 营业外支出

本科目用于核算和反映银行非营业性业务支出情况。抵债资产取得的处置收入小于抵债资产账面价值，其差额计入营业外支出。

9. 营业外收入

本科目用于核算和反映银行非营业性业务收入情况。例如，抵债资产取得的处置收入大于抵债资产账面价值，其差额计入营业外收入。

10. 其他业务成本

本科目用于核算和反映银行确认的除主营业务活动以外的其他经营活动，如抵债资产保管期间产生的费用支出项目。

11. 其他业务收入

本科目用于核算和反映银行除发放贷款、投资、债券和代理业务及金融机构往来以外的抵债资产出租、工本费、贵金属买卖等其他业务收入。下设二级科目，如抵债资产出租收入、工本费收入等。

12. 应交税费

本科目核算银行按照税法等规定计算应缴纳的各种税费。

本科目属于负债类科目，期末贷方余额，反映银行尚未缴纳的税费。

本科目为一级科目，按照应交的税费项目可以设置二级科目。

13. 手续费及佣金收入

本科目核算和反映银行办理结算和代理业务等取得的收入。

本科目属于损益类科目，期末余额结转到“本年利润”科目，结转后本科目无余额。

本科目为一级科目，可以按照业务类别，设置二级科目。

二、贷款业务核算的主要规定

1. 贷款的确认和计量

根据《企业会计准则第22号——金融工具确认和计量》的规定，贷款初始确认的时点为依据合同要求发放贷款之时，贷款应按照公允价值进行初始计量，且相关交易费用应当计入初始确认金额，构成实际利息组成部分。交易费用，是指可直接归属于贷款新增的外部费用，如办理贷款发生的评估费、咨询费、公证费等。

2. 贷款的后续计量

根据《企业会计准则第22号——金融工具确认和计量》的规定，贷款的后续计量应当采用实际利率法，按摊余成本计量。贷款的后续计量主要包括利息收入的计量和贷款减值的计量。实际利率，是指将贷款在预期存续期间或适用的更短期间内的未来现金流量，折现为该贷款当前账面价值所使用的利率。

贷款的摊余成本，是指该贷款的初始确认金额经下列调整后的结果：一是扣除已偿还的本金；二是加上或减去采用实际利率法将该初始确认金额与到期日金额之间的差额进行摊销形成的累计摊销额；三是扣除已发生的减值损失。

3. 利息收入的确认和计量

商业银行应于资产负债表日，按照实际利率、摊余成本确认贷款利息收入。因贷款合同利率与实际利率相差较小的，也可以采用合同利率计算确定利息收入。

4. 贷款减值损失的确认和计量

根据《企业会计准则第22号——金融工具确认和计量》的规定，商业银行应于资产负债表日，对各项贷款的账面价值进行检查。如有客观证据表明该贷款发生减值的，应当计提减值准备。贷款发生减值的客观证据主要包括：债务人发生严重财务困难；债务人违反了合同条款，如偿付利息或本金发生违约或逾期等；债权人出于经济或法律等方面因素的考虑，对发生财务困难的债务人做出让步；债务人很可能倒闭或进行其他财务重组；其他表明贷款发生减值的客观证据等。贷款发生减值时，预计未来现金流量现值，应当按照该贷款的原实际利率折现确定，将该贷款的账面价值与预计未来现金流量现值之间的差额，确认为减值损失，计入当期损益。

贷款确认减值损失后，如有客观证据表明该贷款价值已恢复，且客观上与确认该损失后发生的事项有关，原确认的减值损失应当予以转回，计入当期损益，而且该转回后的账面价值不应当超过假定不计提减值准备情况下该贷款在转回日的摊余成本。

5. 贷款减值测试的方法（见图2-1）

在对贷款减值测试时，应当先将单项金额重大的贷款区分开来，单独进行减值测试。如有客观证据表明其已发生减值，应当确认减值损失，计入当期损益。对单项金额不重大的贷款，可以单独进行减值测试，也可以将贷款进行五级分类，进行减值测试。在实务中，银行可以根据具体情况确定单项金额重大的标准。该项标准一经确定，应当一致运用，不得随意变更。

6. 抵债资产核算要求

（1）抵债资产单独核算。

（2）取得抵债资产时，按入账价值处理要求。

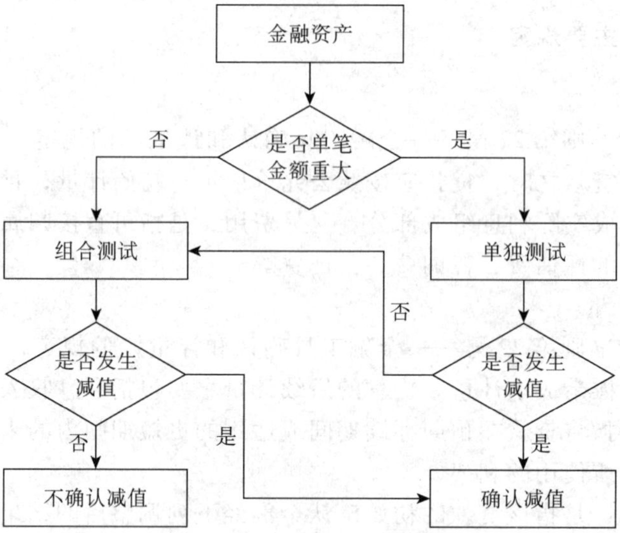

图 2-1 贷款减值准备流程

《企业会计准则第 12 号——债务重组》第 10 条规定“以非现金资产清偿债务的，债权人应当对受让的非现金资产按其公允价值入账”，据此抵债资产在初始计量时需按照公允价值进行计量。

（3）抵债资产保管期间业务处理。

①保管过程中发生的费用及收入，直接计入营业外支出或营业务收入。处置过程中发生的费用从处置收入中抵减抵。

②保管期间跌价，计提抵债资产跌价准备。

（4）抵债资产处置业务处理。

新准则规定，处置抵债资产时，处置收入与抵债资产账面余额及处置环节应支付的相关税费之间的差额，计入营业外收入或营业外支出科目。

取得抵债资产后转为自用的，应在相关手续办妥时，按转换日抵债资产的账面余额，借记“固定资产”等科目，贷记“抵债资产”科目。已计提抵债资产跌价准备的，还应同时结转跌价准备。

提示

目前，国内各家银行基本都强调，收取抵债资产后应及时进行处置，尽快实现抵债资产向货币资产的有效转化。

单元一　商业性住房贷款业务的核算

业务核算

一、发放贷款（初始确认和计量）

（1）经办会计人员接受系统发来的合同副本，确认借款人及售房企业。

（2）根据信贷部门开具的“开户通知书”，为借款人办理开户手续。开立活期储蓄存款账户，主要用于日后按期还款。

（3）经办人员进行业务数据录入。会计分录如下：

提示

1. 在住房贷款合同中，房屋抵押贷款的放款程序是先把款项划到借款人账户，再由借款人账户划给房屋出售方。但这只是一个流程而已，在时间上只是一瞬间，而且到借款人账户中是冻结起来的，只能看到钱，但是取不出来钱，借款人根本不可能动用贷款。银行这样做的目的：一是为了检验资金用途的真实性，申请的住房贷款就只能用于住房消费，不能用作它途；二是为了保证售房人的资金安全。

2. 个人住房贷款，相关费用较低，因此，仅仅作为手续费单独列支。不计入初始确认金额，不构成实际利息组成部分。

借：贷款——本金——个人住房贷款——××借款人户

　　贷：吸收存款——活期储蓄存款——××借款人户

借：吸收存款——活期储蓄存款——××借款人户

　　贷：吸收存款——活期存款——××（售房）单位户

借：吸收存款——活期储蓄存款——××借款人户

　　贷：手续费及佣金收入

表外登记：

收：贷款抵押品——房屋他项权证——借款人户

任务导入

资料：

2011年1月1日，广州某银行向客户张云发放住房贷款450万，手续费为2 500元。合同贷款期限10年，利率为6%，采用等额本金还款方式，售房单位为信达房地产开发公司（在本支行开户），每月20日为结息日。

要求：请对贷款发放业务进行会计处理。

二、未减值贷款的后续计量

1. 正常还款

提示

住房按揭贷款还款方式。

按揭贷款的归还采取分期付款方式，一般是按月归还当期应归还的本息。分期归还有“等额本息偿还法”和“等额本金偿还法”两种方法。

1. 采用等额本息偿还法，每期归还贷款本金和利息的计算公式如下：

$$每月偿还贷款本息额=\frac{本金\times月利息\times(1+月利率)^{还款月数}}{(1+月利率)^{还款月数}-1}$$

2. 等额本金还款，每月归还本息计算公式如下：

(贷款本金/还款月数)+(本金−已归还本金累计额)×每月利率

(1) 结息日业务处理

①计提利息收入。利息收入是根据实际利率计算的。实际利率应在取得贷款时确定，在该贷款预期存续期间或适用的更短期间内保持不变。实际利率与合同利率差别较小的，也可按合同利率计算利息收入。

会计分录如下：

借：应收利息——应收个人住房贷款利息——××借款人户

　　贷：利息收入——个人住房贷款利息收入——××借款人户

②结息日次日，实行批量扣款的贷款户，借款人账号余额充足，系统从借款人活期储蓄存款账户中及时扣取本金及利息。会计分录如下：

借：吸收存款——吸收活期储蓄存款——××借款人户

　　贷：应收利息——应收个人住房贷款利息——××借款人户

　　　　贷款——本金——个人住房贷款——××借款人户

(2) 资产负债表日，计提利息

会计分录如下：

借：应收利息——应收个人住房贷款利息——××借款人户

　　贷：利息收入——个人住房贷款利息收入——××借款人户

(3) 以后各期处理同上

(4) 最后一期还款，结清贷款

①计提利息：

借：应收利息——应收个人住房贷款利息收—××借款人户

　　贷：利息收入——个人住房贷款利息收入——××借款人户

②结清贷款，会计分录如下：

借：吸收存款——活期储蓄存款——××借款人户

　　贷：应收利息——应收个人住房贷款利息——××借款人户

贷款——本金——个人住房贷款——××借款人户

表外登记：

付：贷款抵押品——房屋他项权证——借款人户

2. 提前还款

客户提前归还，应先归还所有的利息，包括已到期利息及提前还款时应结算的利息，再归还本金。如合同约定有违约金，一并收取。

借：应收利息——应收个人住房贷款利息——××借款人户

贷：利息收入——个人住房贷款利息收入——××借款人户

借：吸收存款——吸收活期储蓄存款——××借款人户

贷：应收利息——应收个人住房贷款利息——××借款人户

贷款——本金——个人住房贷款——××借款人户

营业外收入（如有违约金）

3. 逾期归还

客户逾期归还本金及利息，但经过减值测试，尚未发生减值，在后续的资产负债表日，按照相应的合同金额、逾期利率及逾期天数计算罚息和复利。逾期归还款项，按照逾期时间由远及近归还，先到期的先归还。会计分录如下：

借：应收利息——应收个人住房贷款利息——××借款人户

贷：利息收入——个人住房贷款利息收入——××借款人户

借：吸收存款——吸收活期储蓄存款——××借款人户

贷：应收利息——应收个人住房贷款利息——××借款人户

贷款——本金——个人住房贷款——××借款人户

表外登记：

付：贷款抵押品——房屋他项权证——借款人户

任务导入

资料：

接上例，客户各期正常还款，2020年1月，结清贷款。

要求：请对相关业务进行会计处理。

三、已减值贷款后续计量

1. 资产负债表日，计提贷款损失准备，确认减值贷款

（1）计提贷款损失准备

①单项计提。对单项金额重大的贷款，应单独进行减值测试。具体做法是：按照信贷部门提供的预计未来现金流量现值与当前贷款摊余成本之差计提“贷款损失准备”。

②对单项金额不重大的贷款，可以单独进行减值测试，将贷款进行五级分类，进行减值测试。计提公式：

资产损失准备＝关注类贷款×2%＋次级类贷款×25%＋可疑类贷款×50%＋损失类贷款×100%

③对应提取的贷款损失准备进行账务处理。会计分录如下：

借：资产减值损失——贷款减值损失

　　贷：贷款损失准备——个人住房贷款损失准备——××借款人户

（2）确认减值贷款

资产负债表日，确定贷款发生减值的，将计提减值准备的贷款本金以及已经计提但尚未收回的应收利息转入已减值贷款，会计分录如下：

借：贷款——个人住房贷款——已减值——××借款人户

　　贷：贷款——本金——个人住房贷款——××借款人户

　　　　应收利息——应收人住房贷款利息——××借款人户（若存在应收未收利息）

2. 结息日处理

结息日，按照合同金额与合同利率计算确定的应收利息金额，进行表外登记。

收：应收利息——个人住房贷款应收利息——××借款人户

3. 资产负债表日会计处理

（1）以摊余成本以及合同利率为基础确定利息收入。会计分录如下：

借：贷款损失准备——个人住房贷款损失准备——××借款人户

　　贷：利息收入——个人住房贷款利息收入——××借款人户

（2）按照合同金额与合同利率计算确定的应收利息金额，表外记录应收利息（结息日—资产负债表日）

收：应收利息——个人住房贷款应收利息——××借款人户

4. 合同存续期间贷款本金和利息的转回

（1）收回现金等货币性资产

①对于已减值贷款，在收到客户的还款时，收回金额未超过减值贷款的摊余成本时，用收回的金额冲减贷款本金，会计分录如下：

借：吸收存款——活期储蓄存款——××借款人户

　　贷：贷款——个人住房贷款——已减值——××借款人户

②当收回的金额超过已减值贷款的摊余成本时，超出部分进行贷款减值准备的转回。会计分录如下：

借：吸收存款——活期储蓄存款——××借款人户

　　贷：贷款——个人住房贷款——已减值——××借款人户

借：贷款损失准备——个人住房贷款损失准备——××借款人户

　　贷：资产减值损失——贷款减值损失

③如果收回金额超过已减值贷款余额（不包括贷款损失准备金）时，贷款本金未发生损失，除了冲回已计提的贷款减值损失准备金余额之外，还要按超出部分（贷款收回金额-已减值贷款余额），并以表外应收利息余额为限计入利息收入。会计分录如下：

借：吸收存款——活期储蓄存款——××借款人户（实际收到金额）

　　贷：贷款——个人住房贷款——已减值——××借款人户（账面余额）

借：贷款损失准备——个人住房贷款损失准备——××借款人户（账面余额）

　　贷：资产减值损失——贷款减值损失

借：吸收存款——活期储蓄存款——××借款人户

贷：利息收入——个人住房贷款利息收入——××借款人户

销记表外登记：

付：应收利息——个人住房贷款应收利息——××借款人户

（2）收回抵债资产

①抵债资产取得时处理。

（a）依法取得抵债资产产权时，按其公允价值入账，同时冲减所抵偿债权的本金、表内应收利息以及银行为取得抵债资产所支付的接收费用（包括抵债资产欠缴的税费、垫付的诉讼费用和取得抵债资产支付的评估费、办理过户缴纳的登记费、手续费、测量费、契税等相关税费，下同），不足部分冲减所抵偿债权已计提减值准备，减值准备冲减后仍不足的部分，差额计入营业外支出；会计分录如下：

借：抵债资产——原债务人户（公允价值）

营业外支出

贷款损失准备——个人住房贷款损失准备——××借款人户（已计提余额）

贷：贷款——已减值——××借款人户（包括本金、利息调整，表内余额）

应交税费

（b）冲减后减值准备仍有余额的，应予转回并抵减当期贷款减值损失。

借：贷款损失准备——个人住房贷款损失准备——××借款人户

贷：资产减值损失——贷款减值损失

（c）若收回金额超过已减值贷款余额，以表外应收利息余额为限确认利息收入，超额部分确认为营业外收入。

借：抵债资产——原债务人户（公允价值）

贷：贷款——已减值——××借款人户（包括本金、利息调整，表内余额）

应交税费

借：贷款损失准备——个人住房贷款损失准备——××借款人户

贷：资产减值损失——贷款减值损失

借：抵债资产——原债务人户

贷：利息收入——个人住房贷款利息收入——××借款人户（表外利息之和）

营业外收入

②保管期间处理。

（a）抵债资产保管期间取得的收入（如租赁收入）。

借：吸收存款等相关科目

贷：其他业务收入——抵债资产租金收入

（b）抵债资产保管期间发生的费用（例如：房产车辆的维护维修费、水电费、抵债资产的仓库保管费、看护人的工资等）。

借：其他业务成本——抵债资产费用支出

贷：吸收存款等相关科目

（c）如抵债资产发生跌价，计提抵债资产跌价准备。会计分录如下：

借：资产减值损失——抵债资产跌价损失

贷：抵债资产跌价准备

③终止确认：抵债资产变现处理。

银行持有的抵债资产，主要作为出售之用，以偿还贷款的本金和利息。抵债资产变现后，银行收到处置收入，按税费、抵债资产账面价值的顺序进行抵偿，如果处置收入不足以抵偿税费和抵债资产账面价值的，用已计提的跌价准备进行核销，减值准备仍不足以核销的部分，转入当期营业外支出处理。

借：吸收存款等科目
　　抵债资产跌价准备
　　营业外支出
　　贷：抵债资产——原债务人户
　　　　应交税费

提示

抵债资产变现产生的营业外收入（或营业外支出）计算方法：

营业外收入（或营业外支出）= 实际取得的收入 -（抵债资产账面余额 - 抵债资产跌价准备）- 变现税费 - 可以确认为利息收入的表外利息。

差额为正时，计入营业外收入；差额为负时，计入营业外支出。

任务导入

资料：

接上例。假设，2019 年 11 月 21 日，银行未能收到本期利息及本金。2019 年 11 月 30 日，有客观证据表明，该客户出现财务困难。该贷款被确定为减值贷款，无法支付后期利息，但是预计在 2020 年 1 月底可以收回 2 000 元本金。2020 年 1 月底，没有收到现金。经协商，银行从该客户处取得一项设备（固定资产）冲做抵债资产，该设备公允价值为 116 000 元，自此银行与张云的债权债务关系了结，相关手续办理过程中发生税费 1 475 元。

银行计划将该设备处置，不转做自用固定资产，在出售之前，暂时对外出租。租给万盛公司。每季度末收取租金。期间发生了相关费用支出及资产跌价情况。

2020 年 7 月 20 日，银行将该设备出售，出售款为 114 000 元，处置过程中，产生相关税费 1 400 元。该银行大额贷款标准，见表 2 - 3。

表 2 - 3　　银行大额贷款标准

区域客户类型	公司类	个人类
珠三角地区	≥800 万元	≥400 万元
非珠三角地区	≥400 万元	≥100 万元

注：广州、珠海、东莞、中山、江门、佛山、深圳归属与珠三角地区，其他地域归属于非珠三角地区。

要求：请对相关业务进行会计处理。

单元二　个人信用卡业务的核算

知识准备

一、初始确认和计量

信用卡类资产在透支日，以客户透支金额进行初始确认。

二、后续计量

后续计量采用实际利率法和摊余成本进行计量。在每个后续计量期间内，根据透支类信贷资产每日摊余成本和实际透支天数计算的积数乘以实际日利率，确认透支利息收入。

注意

由于信用卡透支贷款属于个人循环信用，相对于其他贷款，具有笔数多、单笔贷款金额相对较小的特点，因此，逐笔按照现金流量折现法测算实际利率，并且逐笔按照扣除了减值准备后的贷款本金来计算利息收入都不具有可操作性。因此，目前商业银行的惯例做法是：透支类信贷资产不存在交易费用，实际利率等同于合同约定的透支利率。

三、定期减值测试

银行应该定期对透支类信贷资产账面价值进行检查，有客观证据表明该资产发生减值，应当计提减值准备。

四、相关术语

1. 透支日

客户透支消费日期。

2. 还款日

银行要求客户归还信用卡应还账单金额中的透支本金、利息及相关费用的最后期限。客户可以在还款日之前归还，但是不能推后，所以还款日也是最后还款日。

3. 最低还款额

持卡人在还款日对于账单金额无法全额还款，可以按最低还款额进行还款。仅归还最低还款额，客户就不能完全享受免息期，从客户消费之日开始计算利息。

4. 账单日

银行每月定期对信用卡各项交易、费用进行汇总结算，结计利息，确认损益的日期。

5. 透支利息

目前，我国信用卡计息方式分两种：全额罚息和未清偿部分计息。

（1）全额罚息。全额罚息是指在还款日后，无论当月信用卡是否产生了部分还款，只要未足额还款（比如，只归还最低还款额），发卡行都会对持卡人按照总消费金额计息。其计算公式为：

透支金额归还部分从记账日起至还款日止的透支利息＋透支金额未还部分从还款日起至账单日利息

（2）未清偿部分计息。其计算公式为：

未还部分从还款日至账单日利息

> **提示**
>
> 2013年7月1日起，中国银行业协会修订之后的《中国银行卡行业自律公约》开始实施。新规规定，信用卡欠款3天以内、金额少于10元的即视为按时还款。但是要注意的是公约虽有规定，但是并无强制性。

业务核算

一、透支日业务会计处理

进行透支的初始确认和计量，会计分录如下：

借：信用卡透支——个人信用卡透支——××个人户

　　贷：吸收存款——活期存款——××商户

二、还款日会计处理

借：现金/吸收存款——活期储蓄存款——××个人户

　　贷：信用卡透支——个人信用卡透支——××个人户

三、资产负债表日会计处理

银行按月或按季计提信用卡透支利息。会计分录如下：

借：应收利息——个人信用卡透支应收利息——××个人户

　　贷：利息收入——个人信用卡透支利息收入——××个人户

四、账单日，利息确认与计量

（1）客户在还款日之前，归还全部透支款项，不计利息。

（2）仅归还最低还款额，客户就不能享受免息期，从客户消费之日开始计算利息。

借：应收利息——个人信用卡透支应收利息——××个人户

　　贷：利息收入——个人信用卡透支利息收入——××个人户

（3）红字冲回以往计提利息。

借：应收利息——个人信用卡透支应收利息（红字）

　　贷：利息收入——个人信用卡透支利息收入（红字）

（4）将未还利息滚入信用卡透支余额中。会计分录如下：

借：信用卡透支——个人信用卡透支——××个人户

　　贷：应收利息——个人信用卡透支应收利息——××个人户

五、客户归还透支款项处理

收到客户归还的金额，按照年费（如果收取）、利息、其他费用（预借现金手续费、违约金等）、预借现金、消费交易本金的顺序进行偿还（各行透支款项还款顺序略微有所不同）。会计分录如下：

借：现金/吸收存款——活期储蓄存款——××个人户

　　贷：应收利息——个人信用卡透支应收利息——××个人户

　　　　信用卡透支——个人信用卡透支——××个人户

六、减值类信用卡透支业务处理，参照一般贷款相关规定执行

任务导入

资料：

某银行信用卡持卡人张三在2020年3月8日于广州百货商厦消费8 012元，账单日为每月7日，还款日为每月25日。在同年4月25日还款日，该客户约定还款账户只还了8 000元，少还了12元，透支日利率为0.05%。该行每季度末月计提利息，采取全额罚息制度。7月5日，客户办理全额还款手续。期间，信用卡没有其他消费记录。

要求：请对相关业务进行会计处理。

3 项目三 对公存贷款业务的核算

知识目标

1. 了解对公存款业务类型。
2. 领会对公存款业务相关规定。
3. 领会对公贷款业务相关规定。
4. 熟悉对公存贷款利息计算要求。

技能目标

1. 根据对公活期存款业务处理要求，完成会计处理。
2. 根据对公定期存款业务处理要求，完成会计处理。
3. 根据对公贷款业务处理要求，完成会计处理。
4. 根据贴现业务处理要求，完成会计处理。

素养目标

1. 培养学生依法办事、坚守准则、保守秘密的职业修养。
2. 培养学生认真、细致、严谨的工作作风和敬业精神。
3. 培养学生诚实守信的职业道德和廉洁自律的会计品格。
4. 培养学生分工明确、职责明晰、协同高效的会计岗位意识。

模块一
对公存款业务的核算

知识准备

一、对公存款的类型

1. 单位活期存款

单位活期存款指不约定存款期限，可以随时办理存取的，并依照人民银行公布的活期存款利率按季计提利息的存款。

2. 单位定期存款

单位定期存款目前仅有整存整取定期存款业务类型。

3. 单位通知存款

单位通知存款是指存款人不约定存期，在支取时需事先通知存款银行的一种人民币存款。

4. 单位协定存款

单位协定存款是指客户按照与金融机构约定的存款额度开立结算账户，账户中超过存款额度的部分，金融机构自动将其转入协定账户，并以协定存款利率计息的一种企业存款。

二、业务处理基本原则

1. 财政性存款专营原则

财政性存款主要是财政金库款项，由人民银行委托商业银行办理，商业银行必须按规定全额划缴人民银行，不得使用（目前，机关团体存款，属于一般性存款，不再列入财政性存款范围）。

2. 强制交存

强制交存是指各类开户单位对其现金收入，除开户行核定的现金库存限额外，必须存入开户行，不得自行保存和擅自“坐支”（开户单位支付现金，可以从本单位库存现金限额中支付或从开户银行提取，不得从本单位的现金收入中直接支付）。

3. 限制支出原则

各开户单位对其存款的使用支出，须按规定方式进行。

比如单位定期存款，存款单位支取定期存款只能以转账方式将存款转入其基本存款账户，不得将定期存款用于结算或从定期存款账户中提取现金。

4. 监督使用

商业银行对机构存款人的存款使用负有监督权，各机构支取存款，必须在有关凭证上注明用途。

5. 禁止公款私存、私款公存

任何单位和个人不得将公款以个人名义转为储蓄存款；任何个人不得将私款以单位名义存入金融机构。

三、相关会计科目的设置及使用

参考项目二模块一内容。

单元一 对公活期存款业务的核算

■ 知识准备

人民币单位活期存款账户的设置以及开户条件

按照《支付结算办法》规定，企业应当在银行开立账户，办理存款、取款和转账结算等。

企业的人民币单位活期存款账户按照用途分为：基本存款账户、一般存款账户、专用存款账户和临时存款账户4种类型。

1. 基本存款账户

基本存款账户是指存款人办理日常转账结算和现金收付的账户。

（1）存款人只能在银行开立一个基本存款账户。

（2）存款人的主办账户。

（3）经营活动的日常资金收付以及工资、奖金和现金的支取均可通过该账户办理。

（4）实行中国人民银行备案制度。

2. 一般存款账户

在基本存款户账以外的银行取得借款的，或与基本存款账户的存款人在同一地点的附属非独立核算单位开立的账户开立的银行结算账户。

（1）开立数量没有限制。

（2）办理存款人借款转存、借款归还和其他结算的资金收付。

（3）该账户可以办理现金缴存，但不得办理现金支取。

（4）借款归还完毕，应销户。

（5）实行备案制，无需经中国人民银行当地分支机构核准。

3. 专用存款账户

存款人按照法律、行政法规和规章，对其特定用途资金进行专项管理和使用而开立的银行结算账户。

（1）同一证明文件只能开立一个专用存款账户。

（2）专款专用、专项管理，可转账结算，但不能办理现金收付业务。

（3）只有法律、行政法规和规章规定要专户存储和使用的资金，才纳入专用存款账户管理 。

（4）开立专用存款账户之日起3个工作日内书面通知基本存款账户开户行。

（5）实行备案制，无需经中国人民银行当地分支机构核准。

4. 临时存款账户

存款人因临时需要并在规定期限内使用而开立的银行结算账户。

（1）存款人有下列情况的，可以申请开立临时存款账户：①设立临时机构；②异地临时经营活动；③注册验资；④境外（含港澳台地区）机构在境内从事经营活动等。

（2）存款人为临时机构的，只能在其驻地开立一个临时存款账户，不得开立其他银行结算账户。

（3）用于办理临时机构以及存款人临时经营活动发生的资金收付。

（4）该账户可以办理现金缴存，但不得办理现金支取。

（5）有效期最长不得超过2年。

（6）开立专用存款账户之日起3个工作日内书面通知基本存款账户开户行。

（7）实行备案制，无需经中国人民银行当地分支机构核准。

案例分析

2019年2月，甲企业在A行开立基本存款账户，当年该企业获得A行100万贷款，其后于当年12月底归还贷款7万元。2020年3月，该厂又以B行向其发放50万元贷款为由，在B行开立了一般存款账户。此50万元贷款于开立一般存款账户的次日归还了B行，但并未办理销户。2020年4月，又以本企业出纳员张某个人名义在B行开立了个人账户，该个人账户的资金全部由一般存款账户注入，资金注入后又以现金结算方式办理同城或异地结算。而这一切都是在B行清楚事实真相的情况下发生的。

请分析：

1. 该厂和B行违背了哪些相关法律法规？
2. 结合此案例，分析“多头开立账户”及“公款私存”的原因。

▣ 业务核算

一、开户

1. 提示客户填写开户申请书（见表3-1）

表3-1　开户申请书

申请开户单位全称		通讯地址	
主管部门名称（若无，可以不填写）			
申请人类别	企业法人□　个体经营户□　其他□		
账户性质	基本□　一般□　专用□　临时□　定期□		
证件号码			

续表

<table>
<tr><td rowspan="2">法定代表人</td><td>姓名</td><td></td><td rowspan="2">证件号码</td><td rowspan="2"></td></tr>
<tr><td>证件类型</td><td></td></tr>
<tr><td>开户银行</td><td colspan="2"></td><td>账号</td><td></td></tr>
<tr><td>结算银行</td><td colspan="2"></td><td>结算账号</td><td></td></tr>
<tr><td colspan="5">谨此确认，本表所填内容不含虚假成分，提供以上联系地址、传真、电话、电子邮箱、开户行、账号真实有效，结算银行和结算账号是办理电子交易业务的合法有限途径，否则，我单位承担一切法律责任。
我单位承诺遵守《×××有限公司交易规则》及相关规章制度，并对本单位的交易活动承担一切法律责任。

申请单位（盖章）：

法定代表人或被授权人（签章）：

日期：</td></tr>
</table>

2. 提示客户提交相关资料

（1）组织统一社会信用代码（统一代码）；

（2）公司章程；

（3）法人或单位负责人身份证原件（如果代办，代办还需提供经办人身份证原件）；

（4）合伙人或股东身份证原件；

（5）刻章备案登记表等；

（6）五章（公章、财务章、法人章、合同专用章、发票专用章）；

（7）行政事业单位等还需提供批文或证明文件；

以上资料均为原件及纸复印的复印件（一份），复印件加盖公司公章。

（8）当地银行要求提供的其他材料。

企业应当对开户申请书所列事项及相关开户证明文件的真实、有效性负责。

提示

中国人民银行和商业银行优化企业开户服务线上预约线下办理。

现在，企业通过微信关注银行公众号后，只需要发送“单位预约开户”，即可随时随地在线填写开户申请、预提交开户资料影像；银行后台部门审核通过后，企业可自主选择开户网点和时间，享受优先服务和免填单服务。微信预约开户的方式实现了线上线下开户联动，减少了企业填表和等候时间，提升了开户效率。

3. 审查相关资料，开立账户

（1）银行应对存款人的开户申请书填写的事项和证明文件的真实性、完整性、合规性进行认真审查。并对开户申请人与开户证明文件所属人的一致性，以及企业开户意愿的真实性进行审查。

(2) 银行应当在人民币银行结算账户管理系统中准确录入企业名称、统一社会信用代码、注册地地区代码等信息，依托系统审核企业基本存款账户的唯一性，并向企业法定代表人或单位负责人核实企业开户意愿，留存相关工作记录。

(3) 银行可采取面对面、视频等方式向企业法定代表人或单位负责人核实开户意愿，具体方式由银行根据客户风险程度选择。

(4) 如发现存在异常开户情形的，银行应当按照反洗钱等规定采取延长开户审查期限、强化客户尽职调查等措施，必要时应当拒绝开户。

(5) 经审核符合开立条件的，与企业签订银行结算账户管理协议（见表3-2），予以开立银行结算账户。银行结算账户管理协议应当明确银行与企业双方的权利、义务和责任，内容包括但不限于：

①银行与开户申请人办理银行结算账户业务应当遵守法律、行政法规以及人民银行的有关规定，不得利用银行结算账户从事各类违法犯罪活动。

②企业银行结算账户信息变更及撤销的情形、方式、时限。

③银行控制账户交易措施的情形和处理方式。

④其他需要约定的内容。

(6) 银行应当在银行结算账户管理协议中以醒目方式向企业展示其义务和责任条款，并明确告知企业。

表3-2　银行结算账户管理协议

中国××银行

银行结算账户管理协议

甲方：中国××银行______××支行______

乙方：____________

为切实加强银行结算账户的管理，保证存款人资金收付业务的准确办理和资金安全，根据中国人民银行《人民币银行结算账户管理办法》，甲方在自愿平等的基础上与乙方达成以下协议，并共同遵守。

一、甲、乙双方的权利和义务

（一）甲方的权利和义务

1. 甲方应按照《人民币银行结算账户管理办法》及相关法律、法规的规定，对乙方提供的开立结算账户证明文件进行审核，为乙方开立银行结算账户，并负责对乙方在甲方所开立的银行结算账户使用情况进行监督。

2. 甲方应依法为存款人的银行结算账户信息保密，依法保障存款人的资金安全。

3. 甲方承诺在甲、乙双方银企关系续存期间，对乙方提供优质、快捷的结算服务，及时、准确地办理存款人的资金收付业务。

4. 甲方应按照双方的约定方式，及时为乙方提供对账数据，并对数据的准确性负责。

（二）乙方的权利和义务

1. 乙方申请开立银行结算账户，需填写《中国××银行开户申请书》，法定代表人或单位负责人直接办理开户手续时，除出具相应的证明文件外，还应出具其法定代表人或单位负责人的身份证件，授权他人办理时，还应出具授权书及被授权人的身份证件；据实填写开户申请书；出具的证明文件等资料必须保证真实、完整、合法。

续表

2. 乙方应按照《人民币银行结算账户管理办法》的规定使用银行结算账户，不得违规将单位款项转入个人银行结算账户，不得违规支取现金，不得利用银行结算账户逃废银行债务，不得利用银行结算账户偷逃税款、套取现金或开展其他违法犯罪行为，不得出租、出借银行结算账户。

3. 乙方变更银行结算账户内容时，需填写《中国××银行银行结算账户变更内容申请书》，并提供相关证明，在《人民币银行结算账户管理办法》的规定时间内及时通知开户银行。如因乙方未及时到银行办理相关事项变更，出现银行与其无法按规定程序和时间对账、账户往来的差错无法及时纠正等现象，应属乙方的违约行为，由此造成的损失由乙方自行承担。

4. 乙方撤销银行结算账户需填写《中国××银行撤销银行结算账户申请书》，并按规定手续及时办理。乙方撤销银行结算账户时，应与开户银行核对账户余额，交回各种重要空白票据、结算凭证和开户许可证，并自行承担未按规定交回造成的损失。未清偿开户银行债务的不得撤销银行结算账户。

5. 乙方应按支付结算法律法规制度使用支付结算工具，按规定支付服务费用。

（三）甲、乙双方的权利义务。

1. 甲、乙双方应按《人民币银行结算账户管理办法》的相关制度规定，办理银行结算账户的开立、变更、撤销手续，严格结算账户的责任范围，凡因单方的主观原因而造成的后果，由责任方承担。

2. 为保障乙方账户资金的安全，甲、乙双方应及时核实、纠正可能发生的账务差错，建立、健全银企对账制度。甲方按________（月或季）向乙方发送对账单，乙方核对如有不符，应于对账单送达10日内（柜台传递以签收日期为准，邮寄以邮戳日期为准）查明并向甲方退回对账单，乙方逾期未退回对账单，则认可甲方对账单所记载的情况。

3. 甲、乙双方均不得利用银行结算账户从事任何非法活动。

4. 本协议未尽事宜，应按照中国人民银行《支付结算办法》《人民币银行结算账户管理办法》等有关法律法规执行。

二、违约责任

甲、乙双方违反协议约定的，应按照国家法律、法规的规定承担相应的责任。

三、协议的变更

本协议经甲、乙双方同意可以变更。

四、协议的起止时间

本协议自甲、乙双方共同确认签字后生效，在乙方撤销银行结算账户后自动终止。

五、其他

1. 甲、乙双方签订的贷款合同中有关于贷款保证金条款的，在进行保证金划转时，由甲方代为划转的，转账凭证不要求乙方再加盖预留印鉴，乙方对此款项的划转予以认可。

2. 账户使用及账户服务过程中，乙方应按相关法律、法规、规章的规定及甲方的收费标准向甲方支付相关费用，包括但不限于日常结算收费、各种票据、凭证的工本费、账户管理费。

3. 乙方授权甲方直接从所涉及账户中扣收相关费用，不必加盖预留印鉴予以确认。

4. 本协议一式两份，甲、乙双方各一份。

本协议自签订日开始执行，本协议对该企业在我行开立的所有账户有效，以前签订的银行结算账户管理协议同时废止。

甲方（公章）：　　　　乙方（法人章或负责人章或合同专用章）：

续表

甲方负责人签字： 年　月　日　　　　　　乙方法定代表人或负责人签字： 年　月　日

(7) 银行为企业开立基本存款账户、临时存款账户后应当立即至迟于当日将开户信息通过账户管理系统向人民银行当地分支机构备案，并在两个工作日内将开户资料复印件或影像报送人民银行当地分支机构。

(8) 银行完成企业基本存款账户信息备案后，账户管理系统生成基本存款账户编号，并在企业基本信息“经营范围”中标注“取消开户许可证核发”字样。通过账户管理系统打印《基本存款账户信息》（式样见表 3-3）和存款人密码，加盖银行业务公章，并交付企业。

表 3-3　　基本存款账户信息

账户名称： 账户号码： 开户银行： 法定代表人（单位负责人）： 基本存款账户编号：

提示

企业基本存款账户编号代替原基本存款账户核准号使用。

(9) 银行可以根据基本存款账户存款人的申请，重置存款密码。企业申请重置存款人密码的，银行应当审核企业法定代表人或单位负责人有效身份证件；授权他人办理的，还应当审核法定代表人或单位负责人的授权书及被授权人的有效身份证件。

(10) 持有基本存款账户编号的企业申请开立一般存款账户、专用存款账户、临时存款账户时，应当提供基本存款账户编号。

同时，银行还应当通过账户管理系统查询企业基本存款账户“经营范围”是否含有“取消开户许可证核发”字样，核实企业是否持有基本存款账户编号。

4. 预留印鉴卡归档，存入电子印鉴（见表 3-4）

表 3-4　　××银行股份有限公司印鉴卡　　No.

户　名		账　号	
地　址		币　种	人民币
联系人		账户性质	基本户

续表

联系电话		是否通兑	□通兑　　□不通兑
预留银行签章式样		使用说明	
		启用日期	年　月　日
		注销日期	年　月　日

5. 售出空白支票

(1) 填写支票领购单（见表3-5），加盖银行预留印鉴。

表3-5　　购买支票申请

当用完此簿需再领支票时，请填写右列的"支票领购单"并盖预留银行签章，送至本行办理，领取新支票簿。

支票领购单　　年　月　日

户名			账号	
领购数量		起讫号码	自　号至	
领用单位签章：（预留银行签章）			领购单位经办员姓名	签收
			身份证号码	
			以下银行填写： 经发：　　验印：	

(2) 审核无误后，收取手续费，会计分录如下：

借：吸收存款——活期存款——××单位户

　　贷：手续费及佣金收入

同时，表外登记：

付：重要空白凭证——支票1本——××单位户

6. 企业开户，自开立之日即可办理收付款业务

二、核算单位存入现金业务

1. 接柜

支票户向开户银行存入现金时，应填制一式二联现金缴款单见图3-1，连同现金一并送交开户银行。柜面人员将客户提交的现金缴款单一式两联和钞券一次性接入，定位放置。

中国工商银行现金缴款单（回单联）　NO.007647 ②

缴款日期：　　年　　月　　日

<table>
<tr><td>缴款单位全称</td><td colspan="4"></td><td>账号</td><td></td></tr>
<tr><td colspan="2">款项来源</td><td colspan="2"></td><td colspan="2">现金出纳计划项目</td><td></td></tr>
<tr><td colspan="7">人民币（大写）　　　　　　　　　　　　　　（小写）</td></tr>
<tr><td>票面</td><td>张数</td><td>种类</td><td></td><td colspan="3" rowspan="6">收款银行（盖章）

复核：　　　　出纳：

记账：　　　　收款：</td></tr>
<tr><td>100元</td><td></td><td>1元</td><td></td></tr>
<tr><td>50元</td><td></td><td>角票</td><td></td></tr>
<tr><td>10元</td><td></td><td>分币</td><td></td></tr>
<tr><td>5元</td><td></td><td>其他</td><td></td></tr>
<tr><td>2元</td><td></td><td></td><td></td></tr>
</table>

图 3－1　现金缴款单

2. 审核凭证

审查缴款单日期是否正确；单位名称、账号、开户行名称、款项来源、券别登记等是否填写完整清楚；大小写金额填写是否准确相符；凭证联次有无缺少，是否套写。

3. 清点现金

将清点后的现金总额与缴款单所填现金总额核对相符。

4. 录入系统

核对无误，录入系统，缴款单各联上加盖名章及现金收讫章，缴款单回单联退还客户。

5. 会计分录

借：库存现金

　　贷：吸收存款——活期存款——收款人户

三、核算单位支取现金业务

1. 审核凭证

接到客户交来的现金支票，应认真审查（具体审查注意事项在项目四模块一“支票业务的核算”中，此处略）。

2. 审查出票人账户是否有足够支付的存款

3. 审核无误，录入系统，凭以配款付款

4. 会计分录

借：吸收存款——活期存款——出票人户

　　贷：库存现金

四、结息日计提利息

> **提示**
>
> 单位活期存款计提利息要求与活期储蓄存款基本相同。

结息日，计提利息，会计分录：

借：利息支出——活期存款利息支出——××单位户

贷：应付利息——应付活期存款利息——××单位户

五、结息日次日支付利息

会计分录如下：

借：应付利息——应付活期存款利息——××单位户

贷：吸收存款——活期存款——××单位户

六、期末（资产负债表日）计提利息

会计分录如下：

借：利息支出——活期存款利息支出——××单位户

贷：应付利息——应付活期存款利息——××单位户

七、核算账户撤销业务

1. 提示客户填写销户申请（见图3－2）

×××行×××支行

现我公司增资业务办理完毕，需要注销我公司原在贵行开立的临时账户，账号为：________________ 请贵行给予办理销户手续。

特此申请！

单位名称

年　月　日

图3－2　销户申请图例

2. 客户提交资料

（1）开户许可证。

（2）剩余的支票。

（3）工商局开具的企业注销通知书等。

（4）开户所需提交资料。

3. 审核销户原因

根据客户填写的销户申请书及证明资料，根据不同销户原因，按相关规定进行审核（存款人有下列情形的，应向开户银行提出撤销账户申请：被撤并、解散、宣告破产或关闭的；注销、被吊销营业执照的；因迁址需要变更开户银行的；其他原因需要撤销银行结算账户的）。

4. 审核无误，转账户余额至其他账户

（1）计提利息，会计分录如下：

借：利息支出——活期存款利息支出——××单位户

贷：应付利息——应付活期存款利息——××单位户

（2）将本金及应付利息转至客户其他账户，会计分录如下：

借：吸收存款——活期存款——××单位户

应付利息——应付活期存款利息——××单位户

贷：吸收存款——活期存款——××单位户

或，贷：存放央行款项等

销户申请书回单加盖业务公章后，交还申请人。

5. 备案

银行为企业撤销基本存款账户、临时存款账户后，于两个工作日内通过账户管理系统向人民银行当地分支机构备案，并将账户变更、撤销资料复印件或影像报送人民银行当地分支机构。因撤销取消许可前基本存款账户、临时存款账户而收回的原开户许可证原件或相关说明，一并交回人民银行分支机构。

任务导入

资料：

广发银行广州A支行，开户企业立达公司活期存款账户的有关记录如下：

1. 2020年6月2日，申请开立临时存款账户，审核无误，予以办理。开户存入70 000元现金。广发银行现金缴款单，见图3－3。

广发银行现金缴款单（传票联）　NO.007647 ①

缴款日期：2020年6月2日

缴款单位全称	立达公司			账号	××××××
款项来源	贷款收入			现金出纳计划项目	
人民币（大写）	柒万元整			（小写）	¥70,000.00
票面	张数	种类		收款银行（盖章）	
100元		1元			
50元		角票		复核：	出纳：
10元		分币			
5元		其他		记账：	收款：
2元					

图3－3　现金缴款单

2. 2020年6月5日续存20 000元现金，见图3－4。

广发银行现金缴款单（传票联）　NO.0076497 ①

缴款日期：2020年6月5日

缴款单位全称	立达公司			账号	××××××
款项来源	贷款收入			现金出纳计划项目	
人民币（大写）	贰万元整			（小写）	¥20,000.00
票面	张数	种类		收款银行（盖章）	
100元		1元			
50元		角票		复核：	出纳：
10元		分币			
5元		其他		记账：	收款：
2元					

图3－4　现金缴款单

3. 2020 年 7 月 5 日，申请销户，本利和转至该客户建行同城账户，审核无误，予以办理。

活期存款利率为 0.35%，银行每季度计提利息。

要求：请对 2020 年 7 月 5 日之前（含 7 月 5 日）的各项业务，进行相应的会计处理（注意期末计提利息）。

单元二　对公定期存款业务的核算

知识准备

一、存款性质

资金必须是本单位的公款且非财政性存款、预算内资金及银行贷款。

二、业务品种

目前，单位定期存款的存期有 3 个月、半年、1 年三个档次的整存整取存款。

三、起存金额

起存金额为 1 万元（或等值外币）。

四、存取要求

（1）单位定期存款不得采用现金方式存入。

（2）单位定期存款可以全部或部分提前支取，但只能提前支取一次。

（3）单位支取定期存款本息只能以转账方式转入基本存款账户，定期存款账户不得作为结算户使用，不得支取现金。

业务核算

一、存入定期存款业务核算

1. 客户提交开户申请书（见表 3－6）、签发的转账支票及相关资料（具体参考活期存款开户要求）

表 3－6　　　　　　　　　　开户申请书

<table>
<tr><td>
开户申请书
××银行________________：
我公司于____年____月____日通过××银行网上银行开立定期存款通知存款账户，账号为：__________，币种为：__________，金额（大写）为：________________________，金额（小写）为：__________，定期存款存期为：____________，现因________________
____
____
特向贵行申请为该笔存款开立实物开户证实书存单。
此致。
申请人：________________
申请日期：____年____月____日
（请加盖公章、财务章、法人签章）
</td></tr>
</table>

2. 审核

参照单位活期存款开户审核事项。

3. 审核无误，填制"存款开户证实书"（见表 3－7）

其中，第二联加盖业务公章和经办人员名章后交存款单位作存款凭据。

表 3－7　　　　单位定期存款开户证实书

年　　月　　日

<table>
<tr><td>
____
户名:
账号:
开户行:
开户时间
金额:（大写）____________　　（小写）____________
期限:　　　　　　　　到期日:
利率:
（银行盖章）
</td><td rowspan="2">第一联　单位留存</td></tr>
<tr><td>
备注:
本证实书仅对存款人开户证实，不得作为质押的权利凭证。
出纳:　　复核:　　记账:　　事后监督:
</td></tr>
</table>

4. 登记“开户登记簿”

5. 办理转账

会计分录如下：

借：吸收存款——活期存款——××单位活期存款户

　　贷：吸收存款——定期存款——××单位定期存款户

二、资产负债表日，预提应付利息

银行对单位定期存款按期计提应付利息，一般按季（月）预提应付利息，计入当期损益。预提利息时，无论大月、小月、平月、闰月，每月均按 30 天计算，每年均按 360 天计算。

借：利息支出——定期存款——××户

　　贷：应付利息——定期存款——××户

三、到期或者过期支取业务核算

1. 审核凭证

到期支取的，经办行应将专夹保管的证实书底卡联与存款人提交的加盖预留印鉴的证实书通知联逐项核对，同时审核存款人提交的两联进账单。

核对主要内容有：

（1）“证实书”是否本行签发。

（2）内容是否全、有无涂改。

（3）存款是否已到期。

（4）凭证填写是否正确，金额是否相符。

（5）加盖印鉴是否与预留印鉴相符。

2. 结清款项

审核无误后在三联开户证实书上加盖“结清”戳记，

3. 计付利息，填制利息清单

4. 登记销户登记簿

5. 办理转账

会计分录如下：

（1）计提利息：

借：利息支出——定期存款——××单位户

　　贷：应付利息——定期存款——××单位户

（2）将本金及应付利息转至客户其他活期存款账户。

借：吸收存款——活期存款——存款人户

　　应付利息

　　贷：吸收存款——活期存款——××单位活期存款户

进账单第一联加盖业务公章和经办人员名章后，与利息清单一并退回存款单位。

四、提前支取

1. 全额提前支取

以存款本金为基数，按实存天数和支取日挂牌公布的活期存款利率计息，利随本清，期间如遇利率调整，不分段计息。

2. 部分提前支取

以提前支取部分的存款本金为基数，按实存天数和支取日挂牌公布的活期存款利率计息，利随本清。期间如遇利率调整，不分段计息。留存部分仍按原存入日利率，从原存入日起计算存期。留存部分低于最低起存金额的，该笔存款全额结清，并按支取当日挂牌公布的活期存款利率计息。期间如遇利率调整，不分段计息。

五、核算单位定期存款利息业务

参考个人定期存款业务，并注意分析区别。

任务导入

资料：

广发银行广州A支行开户企业华阳股份有限公司，于2019年10月10日，签发转账支票（见图3-5），从本公司活期存款账户转存200 000元，申请开立一年期定期存款，审核无误，予以办理。存入时一年期整存整取定期存款挂牌利率为2.25%。期间，银行每季度最末月的月底计提利息。2020年10月10日，该公司来行支取本息。

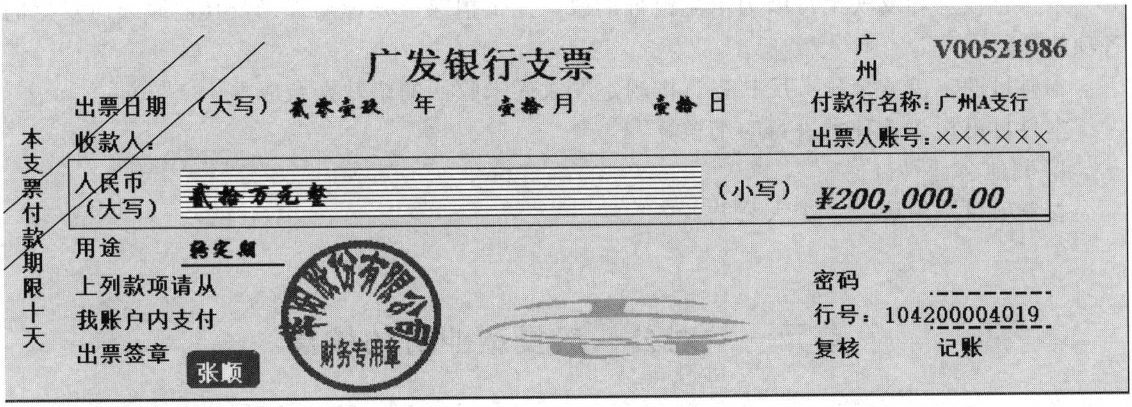

广发银行支票　广州　V00521986

出票日期（大写）贰零壹玖　年　壹拾月　壹拾日　付款行名称：广州A支行

收款人：　出票人账号：××××××

人民币（大写）贰拾万元整　（小写）¥200,000.00

用途　转定期

上列款项请从我账户内支付

出票签章　张顺　财务专用章

密码

行号：104200004019

复核　记账

本支票付款期限十天

图3-5　支票

要求：

计算该储户到期应付利息并对相关业务进行会计处理。

模块二
对公贷款业务的核算

知识准备

会计科目的设置和使用

1. 贷款

该科目为资产类科目，核算商业银行按规定发放的各种客户贷款。

本科目可按贷款类别（工业贷款、农业贷款、商业贷款等）、客户，设置二级及三级科目，及分别按“本金”“利息调整”“已减值”等科目进行明细核算。

2. 贴现资产

本科目核算和反映商业银行办理票据贴现业务所融出的资金。

本科目属资产类科目。可按贴现及买入票据分类进行核算。

银行办理贴现时，按贴现票面金额，借记本科目（面值），按实际支付的金额，贷记“吸收存款”等科目，按其差额，贷记本科目（利息调整）。

资产负债表日，按计算确定的贴现利息收入，借记本科目（利息调整），贷记“利息收入”科目。

3. 垫款

本科目核算和反映银行因为承兑银行汇票、提供担保、办理贴现以及其他原因而发生的各项垫款。

本科目期末借方余额，反映银行按规定发放尚未收回的垫款摊余成本。

本科目可按垫款种类进行明细核算。

4. 其他会计科目

参考项目二模块二“个人贷款业务”。

单元一　对公一般贷款业务的核算

业务核算

一、发放贷款（初始确认和计量）

（1）经办会计人员接受系统发来的合同副本、借款借据，审核是否相符。

（2）经办人员进行业务数据录入。

会计分录如下：

借：贷款——本金——××单位户

　　贷：贷款——利息调整

　　　　吸收存款——活期存款——××单位户（实际支付的金额）

银行按当前市场条件发放的贷款，应按发放贷款的本金和相关交易费用之和作为初始确认金额。

任务导入

资料：

2015年1月1日，工商银行广州A支行向甲电器股份有限公司（以下简称“甲企业”，为制造型企业）发放贷款5 000万元，合同贷款期限为5年，合同贷款利率为10%，每年年底分期付息，一次还本。贷款调查发放过程中，产生相关费用100万元，实际发放给甲企业的款项为4 900万元。

要求：请对贷款发放业务进行会计处理。

二、未减值贷款的后续计量

1. 结息日的业务处理

（1）计提利息。利息收入是根据实际利率计算。实际利率应在取得贷款时确定，在该贷款预期存续期间或适用的更短期间内保持不变。会计分录如下：

借：应收利息

　　贷款——利息调整

　　贷：利息收入

（2）结息日次日，借款人账号余额充足，系统从借款人存款账户中及时扣取利息。会计分录如下：

借：吸收存款——活期存款——××单位户

　　贷：应收利息

2. 资产负债表日，计提利息

会计分录如下：

借：应收利息——××单位户

　　贷：利息收入——××单位户

3. 以后各期处理如上

4. 最后一期还款，结清贷款

会计分录如下：

（1）计提利息。

借：应收利息——××单位户

　　贷：利息收入——××单位户

（2）结清贷款。

借：吸收存款——活期存款——××单位户

　　贷：应收利息——××单位户

贷款——本金——××单位户

任务导入

资料：

接上例，该企业按期支付各期利息，2019 年年底，归还全部本金。

要求：请对以上各项业务进行会计处理。

三、已减值贷款后续计量

1. 资产负债表日，计提贷款损失准备，确认减值贷款

（1）确定贷款发生减值的，计提“贷款损失准备”。会计分录如下：

借：资产减值损失

　　贷：贷款损失准备——××单位户

（2）确认减值贷款，会计分录如下：

借：贷款——已减值——××单位户

　　贷款——利息调整

　　贷：贷款——本金——××单位户

　　　　应收利息（若存在应收未收利息时）

2. 结息日

按照合同金额与合同利率计算确定的应收利息金额进行表外登记。

收：应收利息——××单位户

3. 资产负债表日会计处理

（1）按实际利率法，以摊余成本为基础确认利息收入

会计分录如下：

借：贷款损失准备——××单位户

　　贷：利息收入（期初摊余成本×实际利率）

（2）表外登记

收：应收利息（合同本金×合同利率）

4. 合同存续期间贷款本金和利息的转回

（1）收回现金等货币性资产

会计处理，参考项目二模块二“个人贷款业务”。

（2）收回抵债资产

会计处理，参考项目二模块二“个人贷款业务”。

任务导入

资料：

接上例，2017 年 12 月 31 日，收到本期利息后。经过分析，有证据表明甲企业发生严重财务困难，预计 2018 年年底收到利息 400 万元，2019 年年底收到本金 2 000 万元。

2018 年年底，银行实际收到利息 400 万元，2019 年年底，实际收到本金 1 200 万元。

要求：请对以上各项业务进行会计处理。

任务导入

资料：

接上例，2017 年 12 月 31 日，收到本期利息后。经过分析，有证据表明甲企业发生严重财务困难，预期 2018 年年底收到利息 400 万元，2019 年年底收到本金 2 000 万元。2018 年年底，收到利息 400 万元。之后没有归还任何本金和利息。经过协商，2019 年年底，从客户取得一项房地产充作抵债资产，公允价值为 1 500 万元，相关手续办理过程中产生税费 5 万元。自此，银行与该企业债券债务关系了结。

要求：请对以上各项业务进行会计处理。

单元二　票据贴现业务的核算

知识准备

一、票据贴现的概念

票据贴现是指商业银行的持票人在汇票到期前，为了取得资金而将票据转让给银行，银行按照票面额扣除从贴现日至汇票到期日的利息后，以其差额支付给收款人或持票人的一种信用活动。汇票贴现对贴现申请人来说，就是以支付利息来换取提前使用未到期票据资金的一种方式；对银行来说，是银行向持票人融通资金的一项放款业务。

二、票据贴现与贷款的区别

1. 收取利息的时间不同

贴现的利息是在贴现时，从贴现金额中预先扣收，而贷款利息则采用贷后定期或利随本清的方法计收。

2. 期限不同

贴现的期限最长不超过六个月，贷款则有短期贷款、中期贷款和长期贷款之分，期限不一。

3. 流通性不同

已办贴现的票据，在银行急需资金时，还可办理转贴现或再贴现，资金运用较灵活，贷款则不同，只能按合同约定的期限如期收回。

业务核算

一、银行发放贴现款

1. 通知客户填写贴现凭证

持票人持未到期的商业汇票向其开户行申请贴现时，应根据汇票填制一式五联的贴现凭证（见图 3－6），在第一联上按照规定签章后，连同汇票一并送交银行。银行信贷部门按照信贷办法和支付结算办法的有关规定审查，符合条件的，在贴现凭证“银行审批”栏签注“同意”字样，并加盖有关人员章后送会计部门。

贴现凭证（贷方凭证） 2

填写日期：　　　　年　　月　　日　　　　第 23 号

贴现汇款	种类		申请人	名称		
	发票日			账号		
汇票承兑人（或银行）	名称		账号	1875624	开户银行	
汇票金额（即贴现金额）	人民币（大写）				（小写）	
贴现每月		贴现利息		实付贴现金额		
备注：				科目（借）＿＿＿＿ 对方科目（贷）＿＿＿＿ 复核：　记账：		

此联银行作贴现申请人账户贷方凭证

行长：　　（主任）处长：　　科、股长：　　信贷员：

图 3－6　贴现凭证

2. 审核凭证

接到信贷部门交来的贴现凭证和作成转让背书的汇票，应认真审查贴现凭证上是否有信贷部门的签章，凭证各项内容填写是否齐全，与汇票是否相符。

3. 发放贴现款

贴现利息＝票据面额×贴现利率×贴现天数

提示

贴现天数指贴现日到票据到期日之间的天数。其具体计算应按照整月按天，零头天数按实际天数计算的方法处理。

对于商业票据贴现业务的核算，在业务发生时，从票面金额中预先扣除“贴现利息”，先计入初始确认成本。

实付贴现金额＝汇票面额－贴现利息

借：贴现资产——面值——贴现申请人户

　　贷：吸收存款（面值－贴现利息）——活期存款——贴现申请人户

　　　　贴现资产——利息调整

提示 贴现类信贷资产按照公允价值进行初始确认。由于初始交易费用不计入贴现类信贷资产的初始成本，且贴现期限最长不超过6个月（电子商业汇票期限在1年以内），折现因素对其后续计量影响很小，实际利率与合同利率差异较小，可以以合同利率代替实际利率。

表外登记：

收：代保管有价证券——银行承兑汇票或商业承兑汇票——贴现申请人

二、资产负债表日

按照当期实际使用贴现资金时间和贴现率计算贴现利息，会计分录如下：

借：贴现资产——利息调整

　　贷：利息收入——贴现利息收入——贴现申请人户

三、贴现票据到期处理

1. 向付款人发出托收，委托收款。

贴现行作为持票人，向承兑人所在银行（商业承兑汇票）或承兑行（银行承兑汇票）发出托收，按实际收到的金额，开展账务处理：

借：存放央行款项等科目

　　贷：贴现资产——面值——贴现申请人户

将贴现利息调整余额，结转到利息收入：

借：贴现资产——利息调整

　　贷：利息收入——贴现利息收入——贴现申请人户

2. 承兑人无款支付

当承兑人无款支付，贴现银行应向贴现申请人追索票款。

借：吸收存款——活期存款——贴现申请人户

　　贷：贴现资产——面值贴现申请人户

将贴现利息调整余额，结转到利息收入：

借：贴现资产——利息调整

　　贷：利息收入——贴现利息收入——贴现申请人户

3. 贴现逾期处理

（1）贴现类信贷资产逾期后，按照资产性质，转入相应的会计科目。会计分录如下：

借：垫款——贴现垫款——贴现申请人户

　　贷：贴现资产——面值——贴现申请人户

（2）在后续的资产负债表日，按合同或票面金额、逾期利率及逾期天数计算罚息。会计分录如下：

借：应收利息——垫款应收利息——贴现申请人户

　　贷：利息收入——垫款利息收入——贴现申请人户

（3）逾期后收回贴现类信贷资产。

本着先收回本金，如有余额再偿还利息的原则，会计分录如下：

借：存放央行款项等科目

　　贷：垫款——贴现垫款

　　　　应收利息——垫款应收利息——贴现申请人户

四、贴现贷款减值业务处理，比照一般贷款相关规定执行

任务导入

资料：

广州银行广州A支行开户企业甲电器股份有限公司，于2020年5日8日持一张2020年8月1日到期，面额为100 000元，承兑人为在同城建设银行B支行开户的乙公司的商业承兑汇票，来行申请贴现，银行同意按10‰的贴现率予以贴现。每季度末月底，计提贴现利息。贴现凭证见图3－7。

贴现凭证　　1

填写日期：　　2020年 05月 08日　　第 23 号

贴现汇款	种类	商业承兑汇票	申请人	名称	甲电器股份有限公司	
	发票日	2020年05月08日		账号	××××××	
汇票承兑人（或银行）	名称	乙公司	账号	××××××	开户银行	建设银行广州分支行
汇票金额（即贴现金额）	人民币（大写）	壹拾万元整			（小写）¥100,000.00	
贴现率每月	10‰			实付贴现金额	¥97,166.67	
兹根据《银行结算办法》的规定，附送承兑汇票的请贴现，请审核。 （甲电器股份有限公司 财务专用章） 王一 申请人（公章）　账会负责人（印章）					科目（借） 对方科目（贷） （广州银行广州分支行 业务专用章） 复核：　记账：	

此联银行作贴现借方凭证

行长：李二　　处长：　　科、股长：　　信贷员：张一

图3－7　贴现凭证

要求：请对相关业务进行会计处理。

4 项目四 票据结算业务的核算

知识目标

1. 掌握支票业务的有关要求及规定。
2. 掌握银行汇票业务的有关要求及规定。
3. 掌握银行本票业务的有关要求及规定。
4. 掌握商业汇票业务的有关要求及规定。
5. 掌握相关会计科目的设置和使用。

技能目标

1. 能辨别、审核支票，根据支票业务处理要求及规定，完成会计处理。
2. 能辨别、审核银行汇票，根据银行汇票业务处理要求及规定，完成会计处理。
3. 能辨别、审核银行本票，根据银行本票业务处理要求及规定，完成会计处理。
4. 能辨别、审核商业汇票，根据商业汇票业务处理要求及规定，完成会计处理。

素养目标

1. 培养学生依法办事、坚守准则、保守秘密的职业修养。
2. 培养学生认真、细致、严谨的工作作风和敬业精神。
3. 培养学生诚实守信的职业道德和廉洁自律的会计品格。
4. 培养学生分工明确、职责明晰、协同高效的会计岗位意识。

模块一
支票业务的核算

知识准备

一、支票定义

支票是出票人签发的，委托办理支票存款业务银行见票时无条件支付确定的金额给收款人或者持票人的票据。

二、支票的类型

1. 现金支票（见图 4－1）

现金支票印有“现金”字样，开户单位用于向开户银行提取现金的凭证。

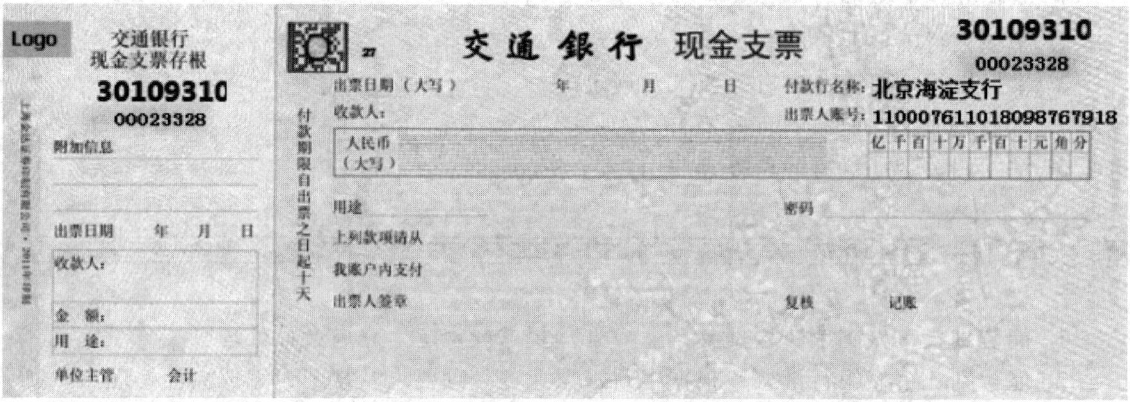
Logo
交通银行
现金支票存根
30109310
00023328
附加信息
出票日期 年 月 日
收款人：
金 额：
用 途：
单位主管 会计

交通银行 现金支票
30109310
00023328
出票日期（大写） 年 月 日
付款行名称：北京海淀支行
收款人：
出票人账号：110007611018098767918
付款期限自出票之日起十天
人民币（大写）
亿 千 百 十 万 千 百 十 元 角 分
用途
密码
上列款项请从
我账户内支付
出票人签章
复核 记账

图 4－1 现金支票

2. 转账支票（见图 4－2）

转账支票上印有“转账”字样，只能用于转账结算，不能用于提取现金。

3. 普通支票（见图 4－3）

支票上未印有“现金”或“转账”字样的，为普通支票。

普通支票可以用于支取现金，也可以用于转账。

在普通支票左上角划两条平行线的，为划线支票，划线支票只能用于转账，不得支取现金，不划线时就作为现金支票使用。

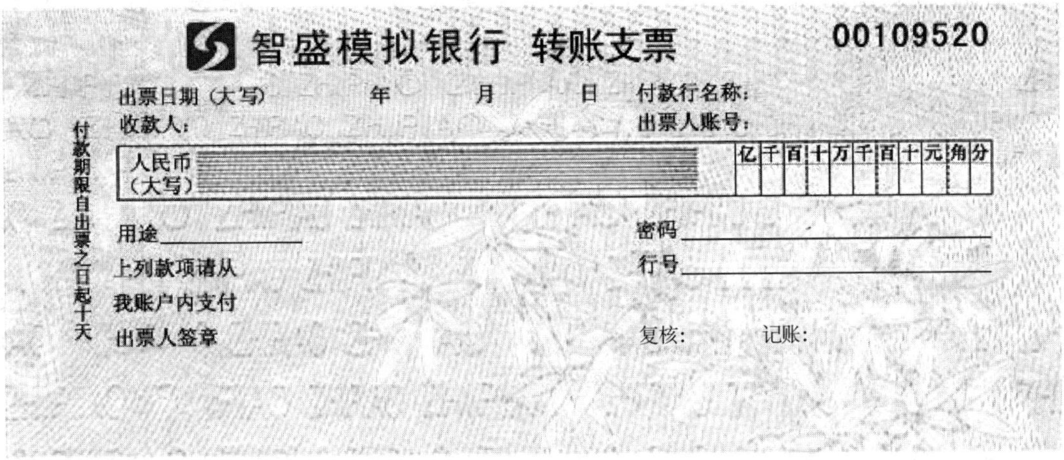

智盛模拟银行　转账支票　00109520

出票日期（大写）　年　月　日　付款行名称：

收款人：　出票人账号：

付款期限自出票之日起十天

人民币（大写）	亿	千	百	十	万	千	百	十	元	角	分

用途＿＿＿＿＿　密码＿＿＿＿＿

上列款项请从　行号＿＿＿＿＿

我账户内支付

出票人签章　复核：　记账：

图 4－2　转账支票

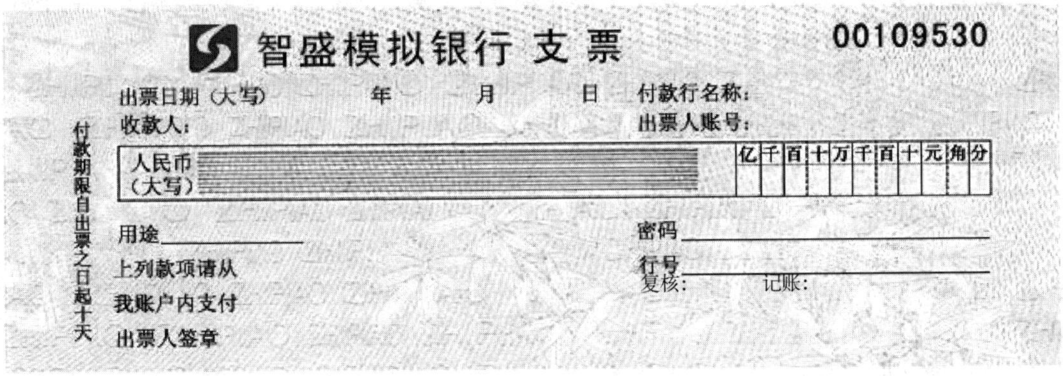

智盛模拟银行　支　票　00109530

出票日期（大写）　年　月　日　付款行名称：

收款人：　出票人账号：

付款期限自出票之日起十天

人民币（大写）	亿	千	百	十	万	千	百	十	元	角	分

用途＿＿＿＿＿　密码＿＿＿＿＿

上列款项请从　行号＿＿＿＿＿

复核：　记账：

我账户内支付

出票人签章

图 4－3　普通支票

三、交换区域以及使用范围

同城票据交换地区内的单位和个人之间的一切款项结算，均可使用支票。自 2007 年 6 月 25 日起支票实现了全国通用，异城之间也可使用支票进行支付结算。

用于支取现金的支票不能背书转让。

四、支票的提示付款期

自出票日起 10 天，遇节假日顺延。

五、签发支票必须记载的事项以及应该遵守的规定

1. 必须记载的事项

（1）标明“支票”的字样。

（2）无条件支付的委托。

（3）确定的金额。

（4）付款人名称。

（5）出票日期。

（6）出票人签章。

支票上未记载前述规定事项之一的，支票无效。（扫描二维码，可查看图例）

拓展知识

提示

由于出票人都是向办理支票存款的银行购买领用空白支票簿，因此，“支票”的字样、无条件支付的委托、付款人名称等都已事先印刷（记载）在空白支票的票面上。出票人签发支票时，只需要在空白支票票面的指定位置填写确定的金额、出票日期，并且签章即可。

案例分析

广州兴盛商场向某文具厂订购了一批办公用品，价值10万元人民币。货到验收合格，文具厂提出其近期资金头寸较紧，请求商场能够提早开出支票以便尽快入账。商场考虑金额出入很小，对方又言之切切，于是签发了一张空白转账支票，但在用途栏里醒目地注明“限额10万元”，认为这样即可万无一失。半个月后商场财务人员对账时发现，其银行账上凭空少了30万元，一查才发现：文具厂在拿到支票后旋即补记了30万金额，并通过银行转账方式把钱划走了。

请分析：银行的做法是否合法？

2. 应该遵守的规定

（1）支票上的金额、日期、收款人名称不得更改，票据金额以中文大写和阿拉伯数字同时记载，两者必须一致，如果违反规定，将导致支票无效。

（2）支票可以机打，也可以手写，但是应使用炭素墨水笔填写。

（3）签发现金支票和用于支取现金的普通支票，必须符合国家现金管理规定。

（4）金额不得超过付款时在付款人账户的实存金额。

3. 填写说明（扫描二维码，可查看图例）

（1）支票正面内容的填写。

①填写出票日期，出票日期必须使用中文大写，不得更改。月为壹、贰和壹拾的，应在其前加“零”。日为壹至玖和壹拾、贰拾和叁拾的，应在其前加“零”；日为拾壹至拾玖的，应在其前加“壹”。

拓展知识

②填写付款行名称和出票人账号，即出票人的开户银行名称及存款账户的账号。

③填写收款人全称，不得更改。

④填写人民币大写金额，不得更改，大写金额数字应紧接“人民币”字样填写，不得留有空白。

⑤填写小写金额，不得更改，大小写必须一致，前面加人民币符号“￥”。

⑥填写款项的用途，必须符合国家现金管理的规定。

⑦出票人签章，即出票人预留银行的签章。

⑧需要使用支付密码时，填写支付密码。

⑨存根联的出票日期，与正联一致，可用小写。

⑩存根联的收款人，与正联一致。

⑪存根联的金额，与正联一致，可用小写。

⑫存根联的用途，与正联一致。

（2）支票背面内容的填写。

①收款人签章，若收款人为本公司则加盖预留银行的签章，收款人为个人则为个人的签名或盖章。

②填写提示付款日期。

③若收款人为个人，需填写提交的身份证件名称。

④若收款人为个人，需填写提交的身份证件的发证机关。

⑤若收款人为个人，需填写身份证件号码。

⑥“附加信息”栏不属于法律规定的必须记载事项。主要应用的存款人以财政支付的中央预算单位为主，公司类客户一般不填写。

⑦票据凭证不能满足背书人记载事项的需要，可以加附粘单，粘附于票据凭证上。粘单上的第一记载人，应当在汇票和粘单的粘接处签章。

六、支票罚款的相关规定

出票人签发空头支票、印章与银行预留印鉴不符的支票、使用支付密码但支付密码错误的支票，不以骗取财物为目的的，银行除将支票做退票处理外，还要按票面金额处以5%但不低于1 000元的罚款。持票人还有权要求出票人赔偿支票票面金额2%的赔偿金。由中国人民银行委托商业银行执行，并将该罚款作为商业银行的收入。

如果以骗取财物为目的的，出票人还将被追究刑事责任。

对屡次签发的，银行应停止其签发支票。

提示

签发空头支票以后，惯例上，先是设法通知客户在当天扎账之前补足应付款的差额。如果客户没有及时补足差额，商业银行就按照上述标准对客户处以罚款，直接从客户的存款账户上扣款，罚款收入列入其营业外收入科目。

《中华人民共和国票据法》规定：“有下列票据欺诈行为之一的，依法追究刑事责任：……（三）签发空头支票或者故意签发与其预留的本名签名式样或者印鉴不符的支票，骗取财物的，……”。这是我国《中华人民共和国票据法》关于签发空头支票应当承担刑事责任的规定。在此基础上，《中华人民共和国刑法》又对因签发空头支票而构成的金融票据诈骗罪及其刑事处罚作了明确具体的规定。

七、会计科目的设置和使用

1. 清算资金往来

（1）资产负债类共同科目，用于不同银行之间待清算的资金往来。

（2）本科目为一级科目，分别“同城票据清算”“待清算辖内往来”“大额支付系统待清算资金”及“小额支付系统待清算资金”等进行明细核算。

（3）提出借方凭证时，借记本科目，贷记“其他应付款”科目；发生退票时，借记“其他应付款”科目，贷记本科目；已过退票时间未发生退票时，借记“其他应付款”科目，贷记“吸收存款”等科目。

提出贷方凭证时，借记“吸收存款”等科目，贷记本科目；发生退票时，借记本科目，贷记“吸收存款”等科目。

（4）提入借方凭证时，当提入凭证正确无误的，借记“吸收存款”等科目，贷记本科目。提入贷方凭证时，当提入凭证正确无误的，借记本科目，贷记“吸收存款”等科目。

（5）将提出凭证和提入凭证计算轧差后，为应收差额的，借记“存放中央银行款项”等科目，贷记本科目；为应付差额的，做相反的会计分录。

（6）本科目期末借方余额，反映银行应收清算资金的余额；本科目期末贷方余额，反映银行应付清算资金的余额。

2. 其他应付款

（1）其他应付款为负债类科目。

（2）其他应付款用以核算和反映银行的应付、暂收款项，包括待处理出纳长款、待提出票据交换等款项。

（3）本科目为一级科目，可以设置待提出票据交换款项等二级科目。

（4）本科目期末贷方余额，反映银行应付未付的其他应付款项。

■ 业务核算

单元一　持票人、出票人在同一银行开户业务的核算

1. 银行受理持票人送交支票的核算

持票人送交支票核算流程，见图4－4。

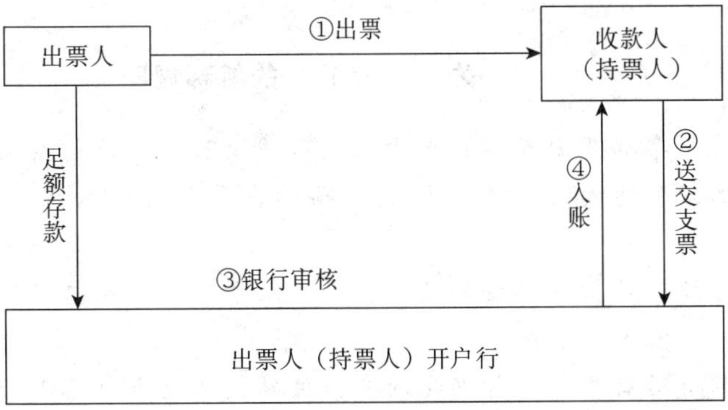

图 4－4　持票人送交支票核算流程图

（1）提请客户根据支票内容填写进账单（见图 4－5）。

中国工商银行　**进账单**（回单或收款通知）　1

年　月　日　　　　第 2 号

付款人	全称		收款人	全称	
	账号			账号	
	开户银行			开户银行	
人民币（大写）					千 百 十 万 千 百 十 元 角 分
票据种类					
票据张数					
单位主管　会计　复核　记账			收款人开户行盖章		

此联由收款人开户银行交给收款人

图 4－5　进账单

（2）审核凭证。

①支票是否是统一印制的凭证，支票是否真实，提示付款期限是否超过。

②支票填明的持票人是否在本行开户，持票人的名称是否为该持票人，与进账单上的名称是否一致。

③出票人的签章是否符合规定，与预留印章是否相符，使用支付密码的，其密码是否正确。

④支票的大小写金额是否一致；与进账单金额是否一致。

⑤支票必须记载的事项是否齐全；出票金额、出票日期、收款人名称是否更改；其他记载事项的更改是否由原记载人签章证明。

⑥背书转让的支票是否按规定的范围转让，其背书是否连续，签章是否符合规定。

提示

关于"背书"的解释说明

背书是指票据背面或者粘单上记载有关事项并签章的票据行为。

票据凭证不能满足背书人记载事项的需要，可以加附粘单，粘附于票据凭证上。

背书连续，是指在票据转让中，转让汇票的背书人与受让汇票的被背书人在汇票上的签章依次前后衔接。

背书不得附有条件。背书时附有条件的，所附条件不具有汇票上的效力。

粘单上的第一记载人，应当在汇票和粘单的粘接处签章。

第一手背书人：支票票面收款人。

第一手被背书人：在支票和粘单的连接处签章，并在粘单上签章。

拓展知识

⑦持票人是否在支票的背面记委托收款背书。

⑧支票与进账单的金额及内容是否一致。

签发完成的转账支票模板，见图 4－6。

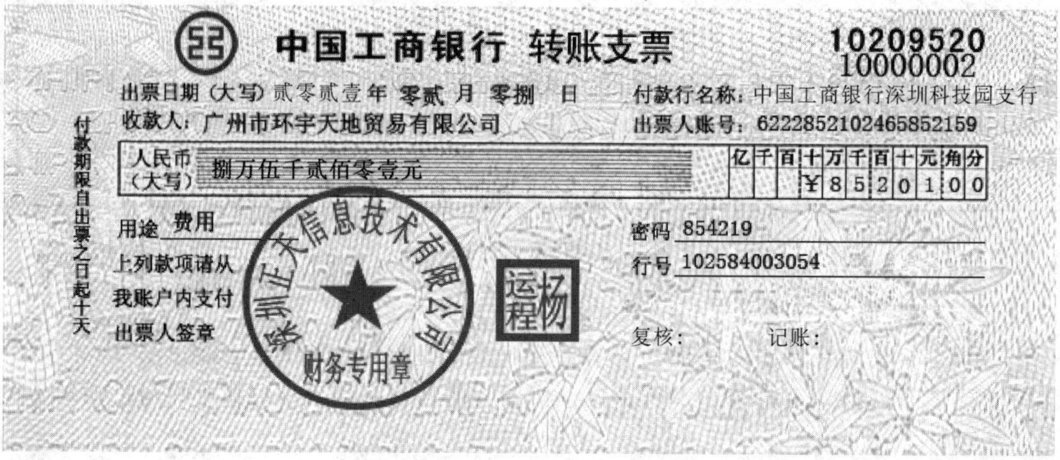
中国工商银行 转账支票
10209520
10000002
出票日期（大写）贰零贰壹年 零贰 月 零捌 日
付款行名称：中国工商银行深圳科技园支行
收款人：广州市环宇天地贸易有限公司
出票人账号：6222852102465852159
付款期限自出票之日起十天

人民币（大写）	捌万伍千贰佰零壹元	亿	千	百	十	万	千	百	十	元	角	分
					¥	8	5	2	0	1	0	0

用途 费用
密码 854219
行号 102584003054
上列款项请从
我账户内支付
出票人签章
深圳正天信息技术有限公司 财务专用章
杨运程
复核： 记账：

图 4－6 转账支票

（3）出票人开户银行对提入的支票进行核验。

出票人开户银行需对提入的支票进行核验，存在下列情形之一的，可作退票处理：

①出票人签章与预留银行签章不符。

②约定使用支付密码的，支付密码未填写或错误。

③大、小写金额不符。

④支票必须记载的事项不全。

⑤持票人未作委托收款背书。

⑥出票人账号、户名不符。

⑦出票人账户余额不足以支付票据款项。

⑧非本行票据。

⑨出票人已销户。

⑩出票人账户已依法冻结。

⑪持票人已办理挂失止付或已收到法院止付通知书。

（4）经审查无误后，办理转账。

第一联进账单加盖转讫章，作为回单交给持票人。会计分录如下：

借：吸收存款——活期存款——出票人户

　　贷：吸收存款——活期存款——持票人户

2. 银行受理出票人送交支票的核算

出票人送交支票结算流程（见图4－7）

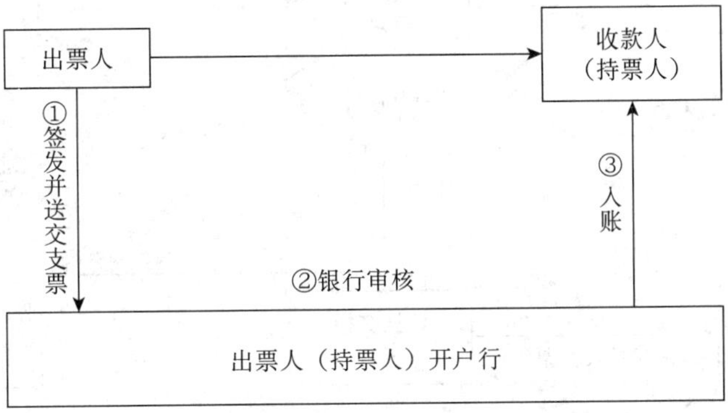

图4－7　出票人送交支票结算流程

（1）客户提交支票及与支票内容相一致的进账单。

（2）银行按照前述要求审核支票及进账单。审核无误，办理转账：

借：吸收存款——活期存款——出票人户

　　贷：吸收存款——活期存款——持票人户

（3）交付回单。

第一联进账单加盖转讫章，作为回单交给出票人。

任务导入

资料：

2020年9月27日，中国工商银行广州A支行，发生如下业务：利达股份有限公司提交进账单及在本行开户的顺景股份有限公司（法人代表：张顺）签发的转账支票，金额为50 000元，审核无误后，办理转账。

要求：对相关业务开展会计处理。

单元二　通过同城票据交换方式办理转账支票业务的核算

提示

同一城市内的支票主要通过同城票据交换系统办理。

一、持票人委托开户行向签发人开户行办理收款

持票人委托开户行向签发人开户行办理收款结算流程，见图4－8。

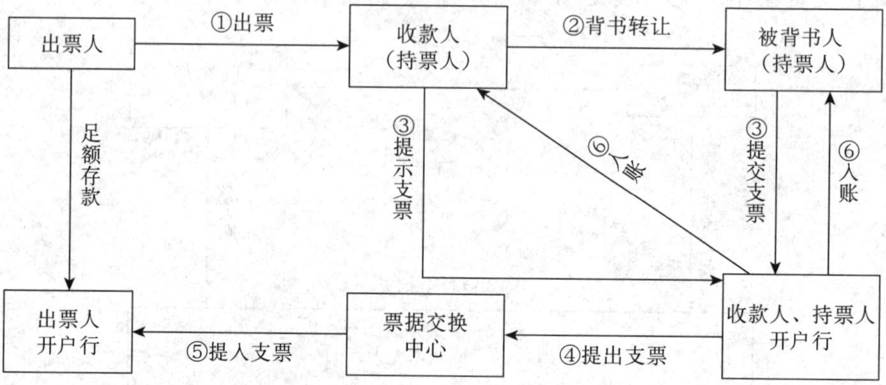

图4－8　收款结算流程

1. 持票人开户行对持票人送交支票进行处理

（1）提请客户填写进账单，连同支票一并递交开户行。

（2）审核凭证。

持票人开户行受理持票人提交的支票和三联进账单，应按照前述的有关内容认真审查。

提示

与“持票人、出票人为同一行处”审核相比较，提出行审核有两点区别：

（1）审核出票人签章，只审核支票是否有签章，其签章样式不予审核。

（2）支付密码，只审核是否填写支付密码。不审核支付密码是否正确。

（3）经审查无误后，在进账单第一联加盖业务受理章，交给持票人。

提示

银行受理支票出票人的委托收款业务时，交付给客户的受理凭证只能作为银行受理客户委托收款的依据，不能作为款项已转入收款人账户的证明。

（4）提出交换

支票加盖票据交换专用章，打印交易码及金额（见图4－9）。提出交换，办理转账。会计分录如下：

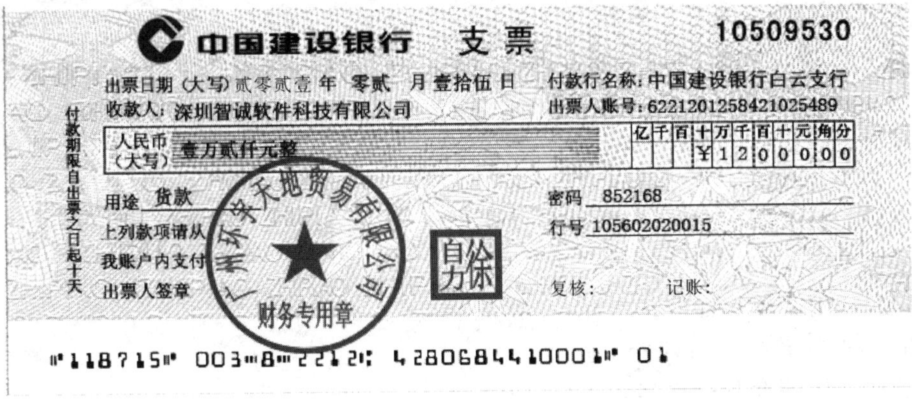
中国建设银行　支票　10509530

出票日期（大写）贰零贰壹 年 零贰 月壹拾伍日　付款行名称：中国建设银行白云支行

收款人：深圳智诚软件科技有限公司　出票人账号：6221201258421025489

付款期限自出票之日起十天

人民币（大写）壹万贰仟元整　亿千百十万千百十元角分 ¥12000 00

用途 货款　密码 852168

上列款项请从　行号 105602020015

我账户内支付

出票人签章　复核：　记账：

广州环宇天地贸易有限公司 财务专用章

易徐

⑈118715⑈ 003⑈8⑈2212⑆ 428068441000 1⑈ 01

图 4-9　支票

拓展知识

借：清算资金往来——同城票据待清算资金

　　贷：其他应付款——待提出票据交换款

提示

银行出售转账支票时，应按规定将付款单位账号、票据号、交换行号等相关内容打印在磁码区域内，打印磁码必须清晰，确保清分机能够识别。

银行提出支票时，打印交易码及金额。

（5）待退票时间过后，若无退票，则进行转账。第三联进账单盖转讫章作为回单，交收款人。会计分录如下：

借：其他应付款——待提出票据交换款

　　贷：吸收存款——活期存款——收款人户

（6）若收到退票信息，冲减“其他应付款”科目，并将支票连同退票理由书（见表4-1）一并退交原持票人。会计分录如下：

借：其他应付款——待提出票据交换款

　　贷：清算资金往来——同城票据待清算资金

表 4-1　退票理由书

持票人名称：×××××××××
你单位提交的下列票据已被付款人（银行）退回，特此证明。
票据号码：××××××　出票人名称：×××××××××××
出票人开户银行名称：×××××××××××
票据金额：×××××××××　退票日期：××××××
退票理由：
补充说明：
经办人签章：　持票人开户银行签章： 年　月　日

注：1. 退票理由书一式二联，一联交持票人，一联由持票人开户行留存，定期归档。

2. 纸张尺寸 24cm（宽）×14cm（高）。

2. 出票人开户行对收到支票进行处理

（1）审核凭证。出票银行接到交换提入的支票后，除应按照前述规定认真审核之外，还应注意：

①支票上是否加盖提出行的票据交换专用章；

②支票签章，是否与预留印鉴相符；

③使用支付密码的，其密码是否正确；

④支票打码内容是否正确；

⑤出票人账户是否有足够余额。

（2）审核无误，办理转账。会计分录如下：

借：吸收存款——活期存款——出票人户

　　贷：清算资金往来——同城票据待清算资金

（3）若审核发现问题，则做退票处理。

出票人开户行，经过审核，发现问题（参考“持票人、出票人在同一行处构开户业务处理”），应填制“退票理由书”。待下次交换时，出票人开户行将支票连同“退票理由书”提出交换，退回持票人开户行。

二、签发人送交支票到自己开户行，转收款人开户行为收款人入账

签发人送交支票到自己开户行，转收款人开户行结算流程，见图 4－10。

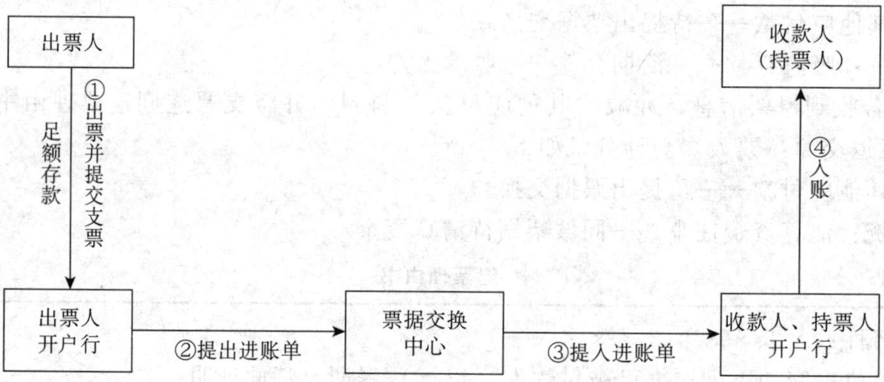

图 4－10 收款人开户行结算流程图

1. 出票人开户行业务处理

（1）提请客户填写进账单。

（2）审核凭证。持票人开户行受理持票人提交的支票和三联进账单，应按照前述的有关内容认真审查。

（3）提出进账单。审核无误后，经办人员进行业务数据录入，办理转账，第一联进账单盖转讫章交给出票人。

进账单第二联加盖票据交换专用章及业务公章连同第三联，按票据交换的规定提出交换。会计分录如下：

借：吸收存款——活期存款——出票人户

贷：清算资金往——同城票据待清算资金

（4）若收到退票，需将支票连同退票理由书一并退交出票人。会计分录如下：

借：清算资金往来——同城票据待清算资金

　　贷：吸收存款——活期存款——出票人户

2. 持票人开户行对接到交换提入的进账单进行处理

（1）审核凭证。

收款人开户银行接到交换提入的进账单后，应按规定认真审核，确认是否为本行客户。

（2）审核无误，经办人员进行业务数据录入，办理转账。

借：清算资金往来——同城票据待清算资金

　　贷：吸收存款——活期存款——持票人户

（3）如果经过审核，发现收款人不在本行开户，或者进账单的大小写金额不符、账号或者户名不符等，提入行应填写“退票理由书”连同进账单通过票据交换系统退回出票人开户行。

任务导入

资料：

1. 2020年2月6日，广州银行广州A支行开户企业，利乐电器股份有限公司（法人代表：张利乐）的财务人员王力签发转账支票1张，并将其交付给收款人（利达股份有限公司）的财务人员李四，支票金额为30 000元，用途为购货款，付款行为其开户行。

2. 2月10日，李四持该支票到其开户行工商银行广州市A支行提示付款，该行柜员审核无误，并将支票提出交换，待退票时间过后，无退票现象，于是办理转账。

3. 2月10日，广州银行广州A支行接到交换提入的支票，审核无误后，未予退票，办理转账。

要求：请对相关业务进行会计处理。

单元三　通过支票影像交换系统办理转账支票业务的核算

全国支票影像交换业务是指，收款人开户行通过影像交换系统传输支票影像向付款人开户行提示付款，付款人开户行通过新一代清算系统付款或退票处理的业务。通过影像交换系统处理的支票影像信息具有与原实物支票同等的支付效力，出票人开户银行收到影像交换系统提交的支票影像信息，应视同实物支票提示付款。

支票影像交换系统支持支票全国通用，改变了传统的实物票据交换模式，其业务处理流程包括三个阶段：第一阶段是纸基票据流，即实物支票经过出票、转让和提示付款等环节流通到收款行，完成实物支票的截留和影像采集；第二阶段是影像信息流，即将采集的支票影像业务信息通过影像交换系统传递给出票人开户行审核付款；第三阶段是资金清算流，即出票人开户行收到支票影像信息审核无误后，通过小额支付系统返回业务回执和完成资金清算。

支票影像业务处理遵循“先付后收、收妥抵用、全额清算、银行不垫款”的原则。

一、持票人开户行对持票人送交支票进行处理

1. 提请客户填写进账单，连同支票一并递交开户行

2. 审核凭证

除了按照同城交换要求审核相关事项之外，还要注意以下事项：

（1）支票票面是否记载银行机构代码，见图4－11。

> **提示**
>
> 银行出售支票时，应在支票右下角支付密码栏下方加盖付款银行的银行机构代码（即小额支付系统行号）。银行机构代码是指按照支付系统行号标准编制的机构代码（见表4－2）。若没有记载，支票则无法在异地正常使用。

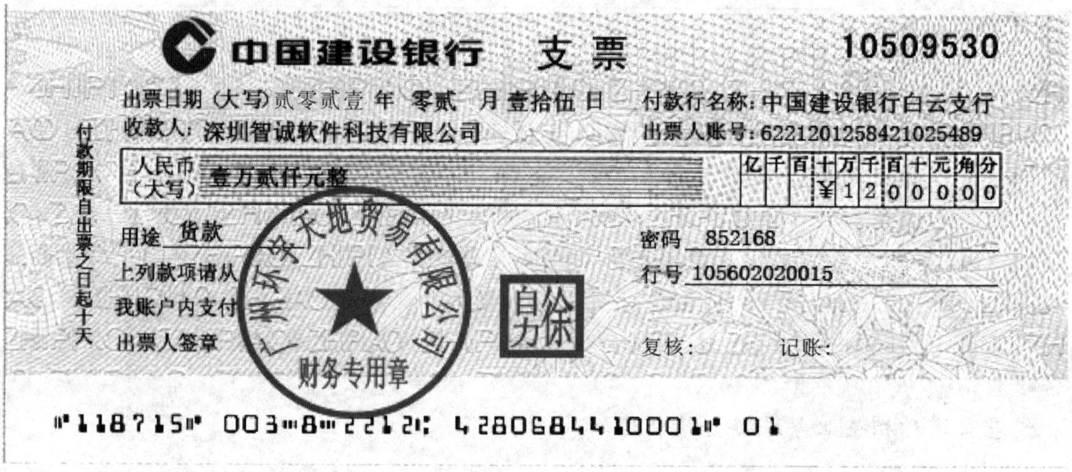

图4－11 支票

表4－2 银行机构代码范式

银行机构代码	银行机构名称	机构所在省	机构所在地区	机构所在城市
105586009014	中国建设银行股份有限公司汕头市分行	广东省	汕头市	汕头市
105586002029	中国建设银行股份有限公司汕头潮南支行	广东省	汕头市	汕头市
105586002012	中国建设银行股份有限公司汕头潮阳支行	广东省	汕头市	汕头市
105586001010	中国建设银行股份有限公司汕头澄海支行	广东省	汕头市	汕头市
105586005078	中国建设银行股份有限公司汕头天华美地分理处	广东省	汕头市	汕头市
105586007602	中国建设银行股份有限公司汕头红领巾路支行	广东省	汕头市	汕头市

（2）支票金额是否超过中国人民银行规定的小额支票截留业务金额上限。

提示

通过影像交换模式处理的支票，单笔金额上限暂定为50万元。超过上限金额的支票，系统不予受理。

3. 发起小额支付系统支票影像信息处理

(1) 采集支票影像信息。如实物支票未附粘单的，支票影像包括支票的正反两面。如实物支票附粘单的，支票影像包括支票的正面和最后一手委托收款背书的粘单。

(2) 录入票据信息、复核及发送。系统将实务支票影像及电子信息发送到出票人开户行影像交换系统。

4. 持票人开户银行收到出票人开户银行回执的处理

(1) 持票人开户银行收到出票人开户银行通过小额支付系统发送的确认付款回执时，系统自动贷记持票人账户，会计分录如下：

借：清算资金往来——小额支付系统待清算支付款项

　　贷：吸收存款——活期存款——持票人户

(2) 持票人开户银行收到出票人开户银行通过小额支付系统发送的拒绝付款回执时，持票人开户银行应通过小额支付系统中普通往来业务登记簿查询交易，打印一式两联的退票理由书，并加盖业务讫章。一联退票理由书连同支票和进账单一并退还持票人，第二联由书专夹保管，年末统一装订入库。

(3) 持票人开户银行未收到出票人开户银行回执的处理。持票人开户银行在规定时间内未收到支票业务回执的，应主动向出票人开户银行发出查询。持票人开户银行在规定时间内未收到支票业务回执且支票提示付款期届满的，可以将实物支票退还持票人。

二、出票人开户银行接收支票影像信息的处理

1. 核对支票影像信息

除了按照同城交换要求审核相关事项之外，还应注意以下事项：

(1) 票面记载的银行机构代码是否为本行机构代码。

(2) 电子清算信息与支票影像内容是否相符。

2. 发送行支票影像业务回执

(1) 发送支票影像业务确认付款回执。支票信息审核后，出票人开户银行确认付款的，应在规定期限（T+N，N≤5天。一般情况下，同城为两个工作日，异地为三个工作日。如遇节假日和小额支付系统停运日则顺延）内，通过小额支付系统向持票人开银行发送支票影像业务确认付款回执，并从出票人账户扣收款项。会计分录如下：

借：吸收存款——活期存款——出票人户

　　贷：清算资金往来——小额支付系统待清算支付款项

(2) 出票人开户行审查票据有误或出票人账户余额不足支付的，通过小额支付系统发起支票影像业务拒绝付款回执，同时发送退票理由信息。

提示

支票影像交换与传统同城票据交换的差异

与传统支票业务处理流程相比，通过影像交换系统处理，支票在交易主体间的流通转让环节并未发生变化，主要是银行间的支票传递和清算环节发生了变化。体现在以下三个方面：一是支票在银行间的传递由实物票据交换转换为系统传输电子信息和影像信息；二是支票核验付款由出票人开户行根据实物支票核验付款转换为根据支票影像信息核验付款；三是银行间的资金清算由同城票据交换系统完成转换为由小额支付系统完成。

任务导入

案例分析

资料：

1. 2020年6月6日，中国工商银行广州A支行开户企业，大海电器股份有限公司（法人代表：张大海）的财务人员王力签发转账支票1张，并将其交付给收款人（胜利股份有限公司）的财务人员王五，支票金额为35 000元，用途为购货款，付款行为其开户行。

2. 6月10日，王五该支票到其开户行建设银行北京市A支行提示付款，该行发起小额支付系统影响信息处理，系统将实务支票影像信息发送至广州银行广州A支行。

3. 广州银行广州A支行收到支票影像信息后，核对无误，发送支票影像业务确认付款回执。

4. 建设银行北京市A支行收到出票人开户银行通过小额支付系统发送的确认付款回执时，系统自动贷记持票人（胜利公司）账户。

要求：请对相关业务进行会计处理。

模块二 银行本票业务的核算

知识准备

一、银行本票定义

银行本票是银行签发的，承诺自己在见票时无条件支付确定的金额给收款人或持票人的票据。

二、银行本票的基本规定

（1）单位和个人在同一票据交换区域需要支付的各种款项，均可以使用银行本票（目前，部分省份，已经实现了省内流通）。

（2）银行本票一律记名，允许背书转让。但填明“现金”的银行本票不能背书转让。

（3）银行本票的提示付款期限自出票日起最长不得超过两个月，到期日遇节假日顺延。逾期的银行本票，兑付银行不予受理。

（4）银行本票可以用于转账，注明“现金”字样的银行本票可以用于支取现金。申请人和收款人均为个人的才可申请签发“现金”本票。

（5）本票类型，分为定额本票和不定额本票两种（见图 4－12、图 4－13、图 4－14）。定额银行本票面额为 1 千元、5 千元、1 万元和 5 万元；不定额银行本票金额起点为 100 元。

（6）银行本票见票即付。

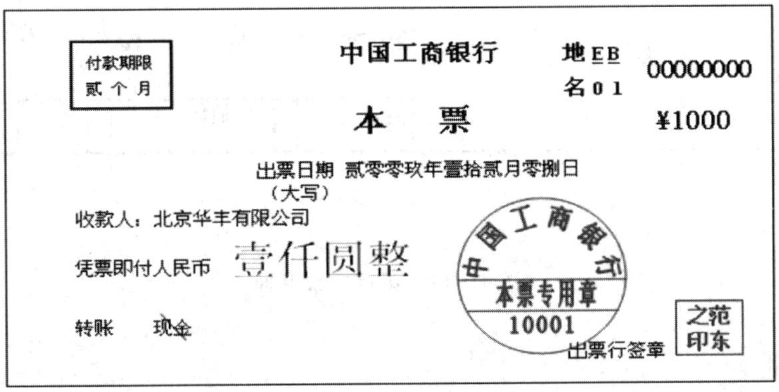
付款期限
贰 个 月
中国工商银行
地 EB
名 0 1
00000000
本　票
¥1000
出票日期（大写）贰零零玖年壹拾贰月零捌日
收款人：北京华丰有限公司
凭票即付人民币 壹仟圆整
转账　现金
中国工商银行 本票专用章 10001
出票行签章
之范
印东

图 4－12　定额银行本票样式

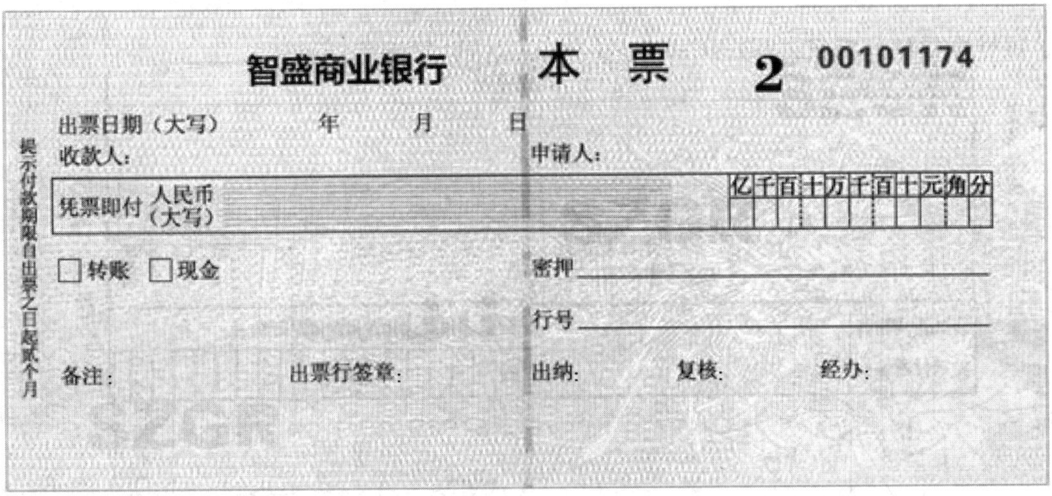
智盛商业银行　本　票　2　00101174
提示付款期限自出票之日起贰个月
出票日期（大写）　年　月　日
收款人：　申请人：
凭票即付 人民币（大写）　亿 千 百 十 万 千 百 十 元 角 分
□转账 □现金　密押
行号
备注：　出票行签章：　出纳：　复核：　经办：

图 4－13　不定额银行本票正面

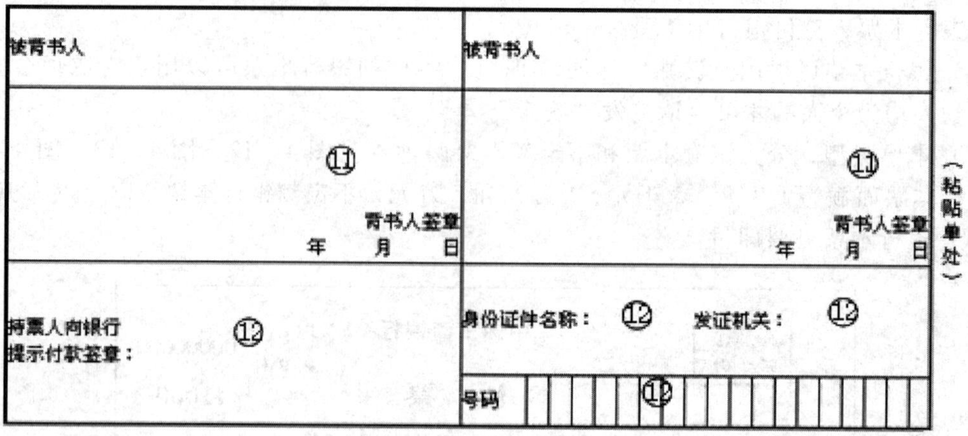

图 4 – 14 银行本票背面

提示

本票上未划去“现金”和“转账”字样的，一律按转账办理。

三、银行本票结算流程（见图 4 – 15）

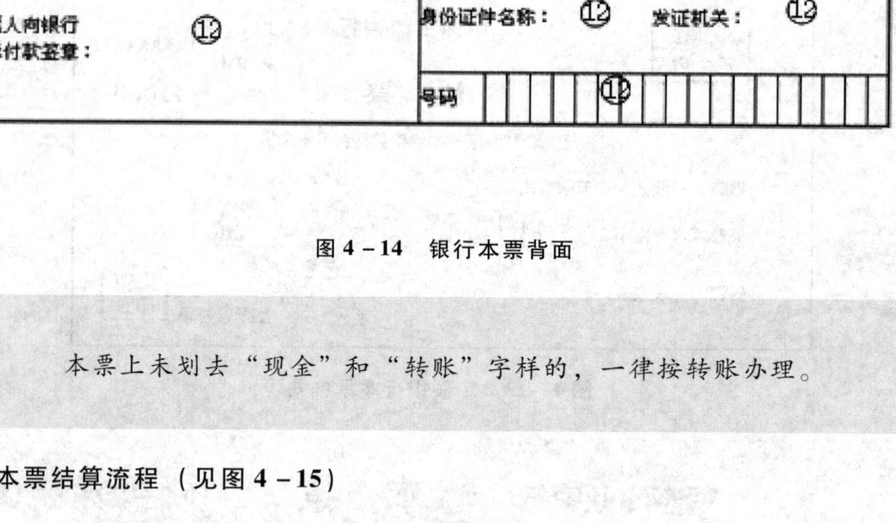

图 4 – 15 银行本票结算流程图

四、会计科目设置和使用

1. 开出本票

本科目核算出票行本票签发、兑付、结清、超过付款期限付款、退款、丧失银行本票付款等相关业务处理。本科目余额在贷方，反映出票行已签发未兑付的本票款项。

2. 登记簿

银行本票签发登记簿是系统自动生成，以电子信息形式存储于综合业务系统，包含本票的出票日期、申请人、收款人、出票金额、本票类型（转账、现金）、是否可转让等票据要素信息；以及结清、兑付、挂失、解挂、退票等票据状态信息，用于本票管理及小额支付系统借记信息的实时比对。

业务核算

一、核算银行本票出票业务（见图 4－16）

本票申请书(存根)　　第 20195356　号

申请日期　　年　　月　　日

申请人		收款人	
账　号 或地址		账 号 或地址	
用途		代 理 付款行	
申请金额	人民币 （大写）		千 百 十 万 千 百 十 元 角 分

备注:

此联申请人留存

图 4－16　银行本票申请书

1．申请人提交银行本票申请书

申请人填写一式三联的“银行本票申请书”，第一联为申请人回单，第二联为银行借方凭证，第三联为贷方凭证。填明收款人名称、申请人名称、支付金额、申请日期等事项并签章。申请人和收款人均为个人需要支取现金的，应在“支付金额”栏先填写“现金”字样，再填写支付金额。

2. 审核

签发机构受理本票申请书时，应认真审核：

（1）申请书填写的内容是否准确，要素是否齐全，书写是否清晰；

（2）申请人的签章与其预留银行印鉴是否相符；

（3）申请书注明“现金”字样的，申请人和收款是否均为个人；

（4）申请人要求本票不得转让的，是否在“备注”栏内注明“不得转让”字样。

3. 银行本票签发/录入

经办录入员受理客户提交的委托书审核无误后，进行银行本票录入/签发。根据提示信息，按照委托书记载内容及相关凭证进行业务录入，其中签发银行本票类型选择代码，交易成功后生成流水号及签发序号。

4. 银行本票签发/复核

经办复核员（以下简称“复核员”）接到经办录入员（以下简称“录入员”）送交的委托书，首先应按照上述委托书。然后分别在委托书第二联和第三联加盖个人名章。退给录入员，通知录入员打印银行本票凭证，系统自动生成编押。

提示 签发的本票必须是已录入、复核成功的，信息输入必须与录入信息相吻合后才可以签发并打印。

银行本票一式两联，第一联卡片联，第二联本票。签发本票必须记载的事项有：表明“银行本票”的字样；无条件支付的承诺；确定的金额；收款人的名称；出票日期和出票人签章等。

银行本票签发要求是：出票日期和出票金额必须大写；用于转账的本票，须在本票上划去“现金”字样；按照支付结算办法规定可以支取现金的本票，须在本票上划去“转账”字样。申请书备注栏内注明“不得转让”的，银行应在本票正面注明。

录入员对机打本票的具体内容进行审核，如果有误应将本票作废，重新签发。

审核要求如下：

（1）本票的出票日期和出票金额必须大写。

（2）转账银行本票，须划去“现金”字样；现金银行本票，须划去“转账”字样；未划去“现金”和“转账”字样的，一律按照转账银行本票办理。

（3）密押记载在“出纳复核经办”栏内上方，密押不得更改。

（4）委托书注明“不得转让”的，应当打印在本票正面，“备注栏内”注明。

（5）现金银行本票在“本票金额”大写栏先打印“现金”字样，后打印本票金额。

（6）银行本票的小写金额改为机打，不再用“压数机”压印。

（7）打印输出的本票其他记载事项与委托书一致。

5. 审核/签章

录入员审核无误后，将银行本票连同委托书一并交业务主管审核签章，主管接到录入员交来委托书及本票，参照录入员审核凭证的方法进行审核，同时审核经办、复核员签章是否齐全，本票金额、位置是否正确、清晰，在审核无误的银行本票第二联指定位置加盖本票专用章及本人名章，签章必须端正、清晰。签章完毕将本票及委托书退给录入员；本票第一联底卡联加盖主管个人名章交复核员专夹保管。

6. 交付本票给客户

本票第二联交给申请人。银行复核员专夹保管底卡，以备查询。本票退票、超过提示付款期付款、丧失兑付、本行兑付时抽取底卡核对。

7. 相关会计分录

（1）处理转账交付款项。会计分录如下：

借：吸收存款——活期存款——申请人户

　　贷：开出本票

（2）处理现金交付款项。会计分录如下：

借：库存现金

　　贷：开出本票

二、兑付银行本票

提示

本模块仅阐述代理解付系统内客户。

代理解付系统外客户，需要同城交换的，参见项目六模块四。

代理解付系统外客户，需要通过小额支付系统清算的，参见项目六模块三。

1. 审核单据

代理付款行收到持票人直接交来的本票和进账单时，应认真审查：

（1）本票是否是统一规定印制的凭证；本票是否真实；是否超过提示付款期限。

（2）本票填明的持票人是否在本行开户。

（3）持票人名称是否为该持票人，与进账单上的名称是否相符。

（4）出票行的签章是否符合规定，加盖的本票专用章是否与印模相符。

（5）本票小写金额与大写的出票金额是否一致。

（6）本票必须记载事项是否齐全，出票金额、出票日期、收款人名称是否正确填写、是否更改，其他记载事项的更改是否由原记载人签章证明。

（7）持票人是否在本票背面“持票人向银行提示付款签章”处签章，背书转让的本票是否按规定的范围转让，其背书是否连续，背书为个人的身份证件，签章是否符合规定，背书使用粘单的是否按规定在粘接处签章。

（8）除按支付结算制度有关规定审查外，还应审查下列事项：银行本票专用章是否启用12位银行机构代码，如未启用，票面是否记载银行机构代码（人民银行规定记载于本票号码下方）。

（9）银行本票是否填写密押，密押是否更改。

2. 持票人提交的银行本票存在下列情形之一的，代理付款行应拒绝受理

（1）银行本票必须记载事项记载不全。

（2）银行本票未按中国人民银行统一规定印制。

（3）银行本票大、小写金额不一致。

（4）签章不符合规定。

（5）未填写密押。

（6）背书不连续或不符合规定。

（7）超过提示付款期。

（8）不得更改事项违规更改或可更改事项未按规定更改。

（9）出票银行在银行本票正面记载“不得转让”的银行本票已背书转让。

（10）使用粘单未按规定加盖骑缝章。

（11）出票日期使用小写数字填写。

（12）银行本票专用章上或票面上未记载银行机构代码。

（13）因票面污损导致必须记载事项无法辨认。

（14）单位持票人不在本行开户。

（15）中国人民银行规定的其他拒绝受理事项。

3. 审核有误，则拒绝受理银行本票

录入员填写“拒绝受理通知书”，加盖录入员、业务主管名章。第一联加盖业务公章，连同银行本票、进账单一并退交持票人；第二联由录入员留存，定期归档。

拒绝受理通知书应记载下列事项：

（1）银行本票号码。

（2）出票银行名称。

（3）出票日期。

（4）收款人名称。

（5）持票人名称。

（6）银行本票金额。

（7）拒绝受理理由。

（8）拒绝受理日期。

（9）代理付款行名称。

（10）经办人及审批人签章。

（11）代理付款行签章。

4. 审核无误，进行本票录入

录入员收到本行开立账户的单位持票人提交的银行本票，在辨别真伪、审核无误后，进行本票申请兑付录入作，录入持票人信息及银行本票信息。

5. 本票发送

发送本票兑付请求信息至本行清算中心。

6. 确认收款

（1）收到出票银行返回“确认付款”回执。

①转账银行本票，会计分录如下：

借：上存辖内款项

　　贷：吸收存款——活期存款——持票人户

②现金银行本票，会计分录如下：

借：上存辖内款项

　　贷：应解汇款

借：应解汇款

　　贷：库存现金

③签发行和兑付行为同一行处。会计分录如下：

借：开出本票

　　贷：上存辖内款项

第一联进账单加盖业务讫章，退客户做确认收款回单。

（2）收到出票行返回“核验失败”信息。

经办录入员打印兑付他行本票退票理由书，第一联连同银行本票及进账单退还持票人，第二联由录入员专夹保管，定期归档。

三、核算银行本票结清业务

1. 返回“确认付款”回执

当出票行接收到由代理付款行发来的电子信息时，系统自动检查有没有这笔本票业务信息。如果存在这笔信息，并且核验正确的话，出票行同意应答，并且自动返回“付款”实时信息。会计分录如下：

借：开出本票

　　贷：上存辖内款项

2. 返回“拒付”回执

拒付原因包括以下九类：

（1）本票号码不符。

（2）收款人名称不符。

（3）出票日期不符。

（4）密押不符。

（5）金额不符。

（6）超过提示付款期。

（7）非本行票据。

（8）重复提示付款。

（9）银行本票已挂失止付或出票银行已收到法院止付通知书。

四、核算银行本票退款、超过付款期限付款业务处理

1. 退款处理

（1）提示申请人提交进账单及身份证明。申请人因本票超过提示付款期限或其他原因要求出票行退款时，应填制一式两联进账单连同本票交给出票行，并提交有关证明或身份证件。

（2）审核无误，办理转账。出票行经审核无误后，即在本票上注明“未用退回”字样，第二联进账单作贷方凭证（如系退付现金，本联作借方凭证附件），本票作借方凭证，本票卡片或存根联作附件。会计分录如下：

借：开出本票

　　贷：吸收存款——活期存款——申请人户

或，　贷：库存现金

第一联进账单加盖转讫章作收账通知交给申请人。

2. 超过付款期限付款

持票人超过付款期限不获付款的，在票据权利时效内请求付款时，应当向出票行说明原因，并将本票交给出票行。持票人为个人的，还应交验本人身份证件。出票行经审查核对无误后，在本票上注明“逾期付款”字样，办理付款手续。

（1）持票人在出票行开户的，比照“银行签发银行本票”中的转账银行本票及现金银行本票相关操作进行处理。

（2）持票人未在出票行开户的，填制两联进账单。会计分录如下：

借：开出本票

　　贷：上存辖内款项

任务导入

资料：

2020年8月6日，广发银行广州A支行收到开户单位乙公司提交的本票申请书，汇款用途为购货款，收款人为深圳市丙公司。银行审核无误，签发金额为40 000元的银行本票，将银行本票凭证交付申请人。

2020年8月11日，乙公司将本票交给丙公司。

2020年8月15日，丙公司持本票到其开户行，广发银行深圳B支行处申请付款。该行审核无误，通过行内系统发送兑付请求，收到“确认付款”回执，办理转账。

2020年8月15日，广发银行广州A支行接收到行内系统发来的实时兑付请求信息后，系统自动检查，确认存在这笔业务，自动返回“确认付款”回执。

要求：请根据相关业务，开展会计核算。

模块三 银行汇票业务的核算

相关知识

一、银行汇票定义

银行汇票是出票银行签发的，由其在见票时按照实际结算金额无条件支付给收款人或者持票人的票据。银行汇票的出票银行为银行汇票的付款人。

二、业务流程

银行汇票结算流程（见图4－17）

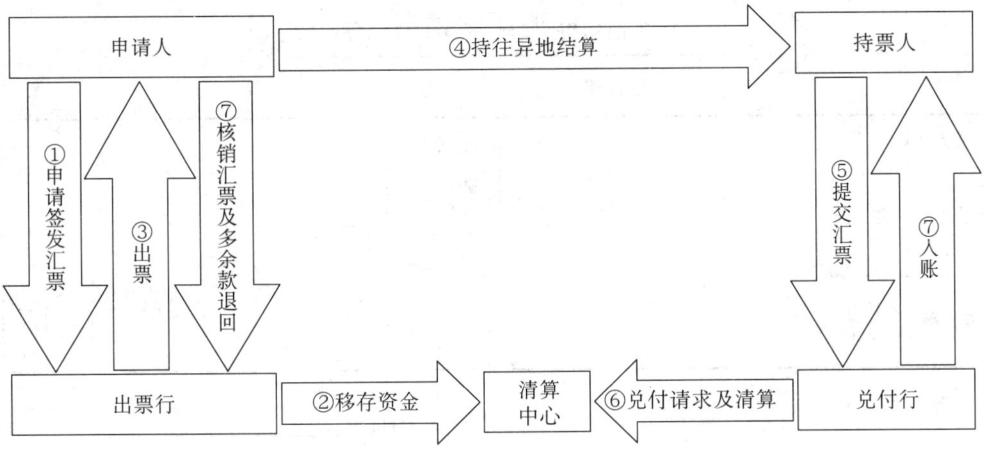

图 4－17

三、相关会计科目的设置及使用

1. 开出汇票

本科目核算和反映银行接受单位或者个人委托签发银行汇票、代理兑付汇票，向客户或他行收取的汇票资金情况。

本科目属于负债类科目，为一级科目，下设 3 个二级科目：签发户、移存户和逾期退回户。

（1）银行汇票签发户。出票行签发汇票时记贷方，核销汇票时记借方，余额为贷方，反映签发行已签发未核销的汇票款项。签发户的余额与移存户的余额反方向相等。

（2）银行汇票移存户。出票行移存汇票资金时记借方，核销汇票时记贷方。余额为轧差贷方，反映银行已移存未兑付清算（也就是未核销）的汇票款项。其余额应与签发户的余额反方向相等（签发多少汇票就移存多少资金，所以余额是反方向相等）。

（3）逾期退回户。出票行收到资金清算中心主动退回的汇票未用退回资金报文（来报）时记逾期退回户的贷方；办理逾期汇票退款或付款时，记逾期退回户的借方。该账户余额在贷方，反映签发行收到资金清算中心主动退回的汇票移存资金，尚未退款的汇票款项。逾期退回户应逐笔记账。

2. 上存辖内款项

本科目属于资产类科目，反映经办行在清算行的备付金，由经办行使用。

本科目余期末额反映在借方，反映经办行在清算行的存款余额。

▣ 业务核算

一、出票行出票业务

1. 提请客户填写银行汇票申请书（见图 4－18）

工 中国工商银行 汇票申请书（存根） 1

申请日期　　年　月　日　　　　第　　号

申请人		收款人											
账　号 或住址		账　号 或住址											
用途		代　理 付款行											
汇票金额	人民币 （大写）		千	百	十	万	十	百	十	元	角	分	

此联申请人留存

备注　　　　科　目 ________

对方科目 ________

财务主管：　　复核：　　经办：

图 4－18　银行汇票申请书

银行汇票申请书一式三联，申请人在“银行汇票申请书”的第二联支付凭证联上盖预留银行印鉴。如果申请人和收款人均为个人，要求签发现金银行汇票，需要在汇入银行支取现金的，要在申请书上的“汇款金额”大写栏先填写“现金”字样，后填写汇款金额，并在申请书上填明代理付款人名称。

2. 审核申请书

（1）内容是否填写齐全、清晰；

（2）内容有无更改；

（3）各联次内容是否一致；

（4）大小写金额是否规范、一致；

（5）签章是否为预留银行签章；

（6）申请书填明“现金”字样的，申请人和收款人是否均为个人。

3. 审核无误后，进行业务数据录入，根据付款方式不同，分别处理

（1）申请人转账交付款项的，会计分录如下：

借：吸收存款——活期存款——申请人户

　　贷：开出汇票——签发户

（2）若申请人交付现金，会计分录如下：

借：库存现金

　　贷：开出汇票——签发户

提示

发展改革委、银监会联合印发通知，自 2017 年 8 月 1 日起，取消、暂停商业银行部分基础金融服务收费。暂停收取本票和银行汇票的手续费、挂失费、工本费等 6 项收费。

4. 签发银行汇票

出票行在办好转账或收妥现金后，签发银行汇票。

（1）银行汇票没有金额起点限制。

（2）银行汇票暂停收取手续费。

（3）签发银行汇票必须记载的事项有：①表明“银行汇票”字样；②无条件支付的承诺；③出票金额；④付款人名称；⑤收款人名称；⑥出票日期；⑦出票人签章。

（4）签发银行汇票必须遵守的规定包括：①汇票的出票日期和出票金额必须大写，如果填写错误应将汇票作废；②签发现金银行汇票时，须在四联汇票的“出票金额人民币（大写）”之后紧接着填写“现金”字样，再填写出票金额，在代理付款行名称栏填明确定的代理付款行名称；③申请书的备注栏内注明“不得转让”的，出票行应当在汇票正面的备注栏内注明。

（5）生成密押，压印出票金额。签发的银行汇票核对无误后，由密押柜员生成汇票密押，并打印在汇票上。在第二联上加盖汇票专用章并由授权的经办人签章，签章必须清晰。

5. 移存汇票资金

签发处理完成后，复核人员在业务系统中发送汇票资金移存报文，逐笔加编地方密押，逐级发送至清算中心。资金移存后，系统会自动将资金状态转为“资金移存”。签发行必须实时、逐笔、全额、逐级将汇票资金移存至本行清算总中心。

会计分录如下：

借：开出汇票——移存户

　　贷：上存系统内款项

6. 汇票交付申请人

业务人员查询该笔汇票状态为“已圈存”后，银行汇票签发成功，将银行汇票（见图4－19）交付申请人。系统自动登记“汇票签发登记簿”。卡片联、多余款收账通知联加盖个人名章后，一并交专人专夹保管（按签发日期先后顺序排列保管）。

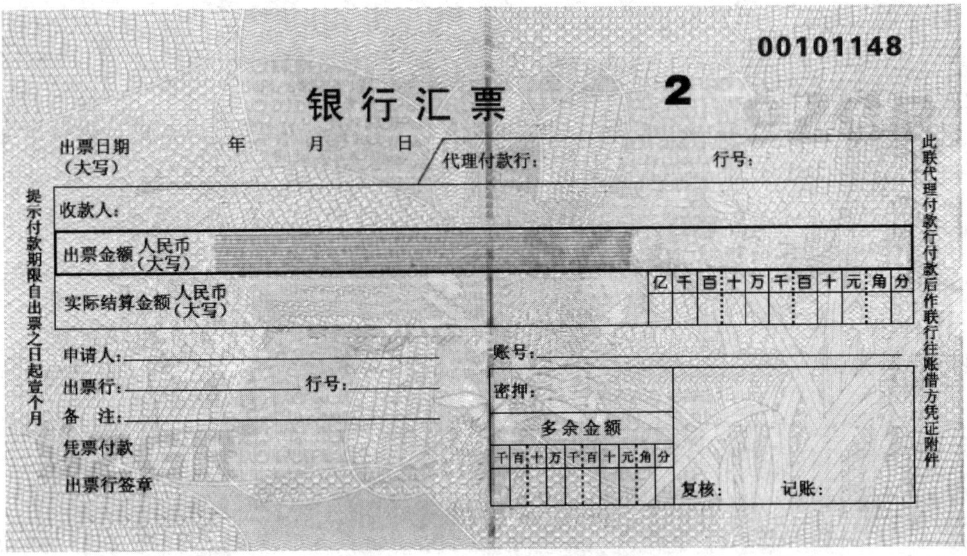
00101148
银行汇票　2
出票日期（大写）　年　月　日
代理付款行：　行号：
收款人：
出票金额 人民币（大写）
实际结算金额 人民币（大写）
亿 千 百 十 万 千 百 十 元 角 分
申请人：　账号：
出票行：　行号：
备　注：
凭票付款
出票行签章
密押：
多余金额
千 百 十 万 千 百 十 元 角 分
复核：　记账：
提示付款期限自出票之日起壹个月
此联代理付款行付款后作联行往账借方凭证附件

图4－19　空白银行汇票

银行汇票四联注解，见图 4－20。

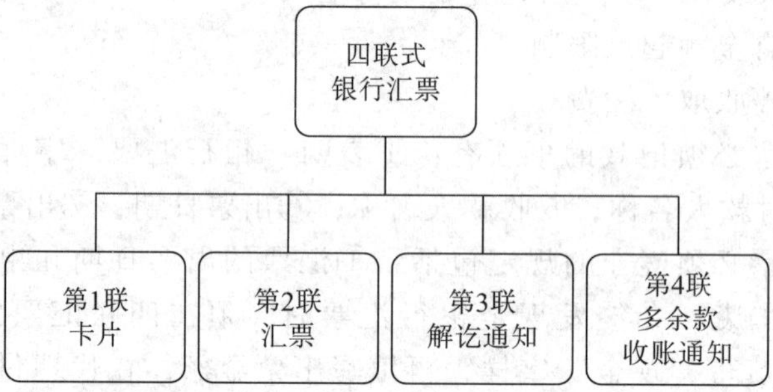

图 4－20　四联银行汇票

> **提示**
>
> 不得重复发送资金移存报文，必须办一笔移存一笔，不得集中办理签发、集中办理移存，录入人员不得和移存发送的操作员为同一人。当日移存未成功的汇票信息应存放在“待发送报文库”做应付款处理，不能够做抹账处理，次日可再进行发送。

二、持票人交付银行汇票给收款人

银行汇票的申请人所在企业的业务经办人持银行汇票联及解讫通知联，前往销货方所在地采购货物，在对货物初步点验后向销货方索要购货增值税专用发票抵扣联和发票联，并按发票所载的实际结算金额，填写银行汇票联及解讫通知联上的实际结算金额和多余金额。填写完整后交予销货方（也可以收款人审查无误后填写）。

收款单位在提示付款期内可以将票据背书转让给被背书人，收款单位需要在银行汇票背面的“背书人”处加盖预留银行印鉴；在“被背书 人”处记名，即记载受让人（单位或个人）的名称以及记载背书日期。

> **案例分析**
>
> **实际结算金额处理**
>
> 2020 年 9 月 1 日，A 公司采购人员持银行汇票、解讫通知和使用银行汇票的回执，前往 B 公司交付银行汇票和解讫通知，B 公司在用票回执上签章，清点货物后索要发票，发票所载价款 40 000 元，税款 6 800 元，则实际结算金额 46 800 元。

三、银行汇票兑付

> **提示**
>
> 本模块仅阐述代理解付系统内客户。
>
> 代理解付系统外客户，需要同城交换的，参见项目六模块四。
>
> 代理解付系统外客户，需要通过大额支付系统清算的，参见项目六模块二。

1. 对在本行开户的持票人办理汇票兑付

（1）提请客户填写进账单，并与银行汇票及解讫通知一并提交银行。

（2）审核凭证。兑付行接到在本行开立账户的持票人直接交来的汇票、解讫通知和二联进账单时，应认真审查以下内容：

①汇票和解讫通知是否齐全，汇票号码和记载的内容是否一致。持票人向银行提示付款时，必须同时提交银行汇票和解讫通知，缺少任何一联，银行不予受理。

②汇票是否是统一规定印制的凭证，汇票是否真实，是否超过提示付款期限。银行汇票的提示付款期限自出票日起一个月。这里所说的付款期，是指从签发之日起到办理兑付之日止的时期。这里所说的一个月，是指从签发日开始，不论月大月小，统一到下月对应日期止的一个月。比如签发日为 3 月 5 日，则付款期截止日为 4 月 5 日。如果到期日遇节假日可以顺延。

③汇票填明的持票人是否在本行开户，持票人名称是否为该持票人，与进账单上的名称是否相符。根据有关规定，代理付款银行不得受理未在本行开立存款账户的持票人为单位直接提交的银行汇票。

④出票行的签章是否符合规定，加盖的汇票专用章是否与印模相符。

⑤使用密押的，密押是否正确；压数机压印的金额是否由统一制作的压数机压印，与大写的出票金额是否一致。

⑥汇票的实际结算金额大小写是否一致，是否在出票金额以内，与进账单所填金额是否一致，多余金额结计是否正确。如果全额进账，必须在汇票和解讫通知的实际结算金额栏内填入全部金额，多余金额栏填写“ -0 - ”。

⑦汇票必须记载的事项是否齐全，出票金额、实际结算金额、出票日期、收款人名称是否更改，其他记载事项的更改是否由原记载人签章证明。

⑧持票人是否在汇票背面“持票人向银行提示付款签章”处签章，背书转让的汇票是否按规定的范围转让，其背书是否连续，背书使用粘单的是否按规定在粘接处签章。

（3）发送兑付请求。持票人开户行对持票人直接提示付款的银行汇票，应及时通过行内系统发送汇票资金清算请求至清算中心。交易发起后，系统自动核押，申请兑付信息自动发送到资金清算中心。

（4）代理兑付行收到清算中心发来的清算汇票资金报文，办理转账。会计分录如下：

借：上存辖内款项

　　贷：吸收存款——活期存款——持票人户

办理转账后，在进账单第一联上加盖转讫章作收账通知交给持票人。

2. 对未在本行开户的持票人办理汇票兑付

（1）个人客户持票人提交银行汇票及解讫通知。根据有关规定，未在银行开立存款账户的银行汇票个人持票人，可以向选择的任何一家银行机构提示付款。提示付款时，应在汇票背面签章，并填明本人身份证件名称、号码及发证机关，由其本人向银行提交身份证件。

（2）审核凭证。接到未在本行开立账户的持票人交来的汇票和解讫通知后，除按“在本行开户的持票人”有关要求认真审查外，还须认真审查持票人的身份证件，在汇票背面“持票人向银行提示付款签章”处是否有持票人的签章并注明身份证件名称、号码及发证机关，持票人身份证件复印件留存备查。

（3）发送兑付请求。

（4）代理兑付行收到清算中心发来的清算汇票资金报文，办理转账。

以持票人姓名开立“应解汇款”账户，并在该分户账上填明汇票号码以备查考。该账户只付不收，付完清户，不计付利息。会计分录如下：

借：上存辖内款项

　　贷：应解汇款——持票人户

根据客户申请，将款项支付客户，会计分录如下：

借：应解汇款——持票人户

　　贷：库存现金或吸收存款

3. 对现金银行汇票的持票人办理汇票兑付

提示

填明“现金”字样的银行汇票不得背书转让。

（1）个人客户持票人提交银行汇票及解讫通知。

（2）审核单证。根据规定，注明“现金”字样的银行汇票的持票人，只能向银行汇票上注明的代理付款人提示付款，不得背书转让。因此，代理付款行审查现金汇票时，要确认代理付款行确为本行，方可办理现金支付手续。

（3）发送兑付请求。

4. 代理兑付行收到清算中心发来的清算汇票资金报文，办理转账。其会计分录与“未在本行开户的持票人办理汇票兑付”处理相同。

四、签发行收到部分退回资金

系统清算总中心，将银行汇票多余款退回报文，逐笔确认后，逐级转发至签发行。出票行收到资金清算中心主动退回的汇票移存资金，逐笔记账，同时办理汇票核销手续。

（1）转账交付办理汇票，会计分录如下：

借：上存辖内款项（票面额－实际金额）

　　贷：吸收存款——活期存款——原申请人户

（2）现金交付办理汇票，会计分录如下：

多余款退回通过“应解汇款”过渡。

借：上存辖内款项（票面额－实际金额）

　　贷：应解汇款——原申请人户

待申请人来行取款，会计分录如下：

借：应解汇款——原申请人户

　　贷：库存现金或吸收存款科目

五、银行汇票退款业务

申请人由于汇票超过付款期限或其他原因要求退款时，出票行应注意：

（1）提请申请人交回汇票和解讫通知，并提交证明或身份证件。

（2）审核凭证与证件。出票行要与原专夹保管的汇票卡片核对无误。

（3）账务处理。核对无误后，如汇票移存资金已由资金清算中心退回至“逾期退回户”的，按照逾期汇票的付款处理。

如果资金清算中心尚未退回该笔汇票资金的，应电话与资金清算中心联系，发送自由格式报文，说明原因，要求资金清算中心提前退回该笔汇票的移存资金。签发行收到资金清算中心退回的该笔汇票移存资金，按照部分退回资金的有关规定处理。签发行同时办理汇票核销手续。

六、逾期汇票处理

超过提示付款期满一个月的逾期未清算汇票（以下简称“逾期汇票”），由资金清算中心于该汇票提示付款期满一个月后的下一营业日，通过行内系统发送汇票未用退回资金报文至原签发行。

1. 签发行收到汇票未用退回资金报文，会计分录如下：

借：上存辖内款项

　　贷：开出汇票——逾期退回户

签发行同时办理汇票核销手续。

2. 签发行对逾期汇票退款，会计分录如下：

①转账银行汇票

借：开出汇票——逾期退回户

　　贷：吸收存款——活期存款——原申请人户

②现金银行汇票

借：开出汇票——逾期退回户

　　贷：应解汇款——原申请人户

待申请人来行取款，会计分录如下：

借：应解汇款——原申请人户

　　贷：库存现金或吸收存款等科目

签发行同时办理汇票核销手续。

七、汇票核销

汇票的核销由签发行负责，包括“开出汇票——签发户”“开出汇票——移存户”“汇票签发登记簿”“多余款收账通知联”的核销。

1. 会计处理

签发行于每日营业终了，指定专人逐笔处理银行汇票的核销。会计分录如下：

借：开出汇票——签发户（出票金额）

　　贷：开出汇票——移存户（出票金额）

2. 卡片联核销

（1）收到全额兑付通知报文的处理。签发行收到全额兑付通知报文，抽出专夹保管的汇票卡片联和多余款入账通知联，在汇票卡片联和多余款入账通知联上注明实际结算金额和多余款金额“-0-”，加盖日期戳后。汇票卡片联加盖附件章，与多余款入账通知联，共同作为“汇票核销清单”的附件，归入当日传票保管。

（2）收到多余款退回报文的处理。签发行收到汇票多余资金划回报文，抽出专夹保管的汇票卡片联和多余款入账通知联，在汇票卡片联和多余款入账通知联上注明实际结算金额，在多余款入账通知联注明多余款金额，加盖日期戳后。汇票卡片联作为“汇票核销清单”的附件归入当日传票保管。多余款入账通知联作为申请人的收账通知。

3. 核销“汇票签发登记簿”

“汇票签发登记簿”的核销，由行内系统自动处理，销记“汇票核销登记簿”。

任务导入

资料：

1. 2020 年 11 月 6 日，中国工商银行广州 A 支行收到开户单位申达股份有限公司提交的汇票申请书，汇款用途为购货款，收款人为西安市的乙公司。银行审核无误，签发金额为 40 000 元的银行汇票。签发处理完成后，复核人员在业务系统中发送汇票资金移存报文，逐笔加编地方密押，逐级发送至清算中心。在查询该笔汇票状态为“已圈存”后，将银行汇票凭证交付申请人。

2. 2020 年 11 月 11 日，申达公司将汇票交给乙公司，实际结算金额 320 000 元。

3. 2020 年 11 月 16 日，乙公司持汇票到其开户行，工商银行西安 B 支行处申请付款。该行审核无误，发送兑付请求，收到清算总中心配对成功信息后，给予付款。

2020 年 11 月 16 日，清算总中心，将银行汇票多余资金划回报文，逐级转发至签发行。

要求：

请对中国工商银行广州 A 支行、中国工商银行西安 B 支行的相关业务进行会计处理。

模块四 商业汇票业务的核算

知识准备

一、商业汇票定义

商业汇票是出票人签发的，委托付款人在指定日期无条件支付确定的金额给收款人或持票人的票据。

二、商业汇票的基本规定

（1）签发商业汇票必须以合法的商品交易为基础，禁止签发无商品交易的商业汇票。

（2）商业汇票一律记名，允许背书转让。

（3）商业汇票的付款期限，由交易双方商定，但最长不得超过 6 个月。电子商业汇票的付款期限，可以一年。

（4）商业承兑汇票可由付款人签发并承兑，也可由收款人签发交由付款人承兑。银行承兑汇票应由在承兑银行开立存款账户的存款人签发。

（5）签发商业汇票必须记载的事项有：①表明“商业承兑汇票”或“银行承兑汇票”的字样；②无条件支付的委托；③确定的金额；④付款人名称；⑤收款人名称；⑥出票日期；⑦出票人签章等。

三、会计科目的设置及使用

1. 手续费及佣金收入

本科目核算和反映银行办理结算和代理业务等取得的收入。

本科目属于损益类科目，期末余额结转到“本年利润”科目，结转后本科目无余额。

本科目为一级科目，可以按照业务类别，设置二级科目。

2. 应解汇款

本科目核算银行收到的异地汇入的单位和个人待解付的款项或者因为临时需要而存入银行的款项。本科目不计息。

本科目属于负债类科目。

本科目可以按照应解汇款分类设置明细科目。如应解汇款、临时存款等。

3. 垫款

详见项目三模块二“对公贷款业务的核算”。

业务核算

单元一　纸质商业承兑汇票业务的核算

商业承兑汇票业务结算流程，见图 4－21

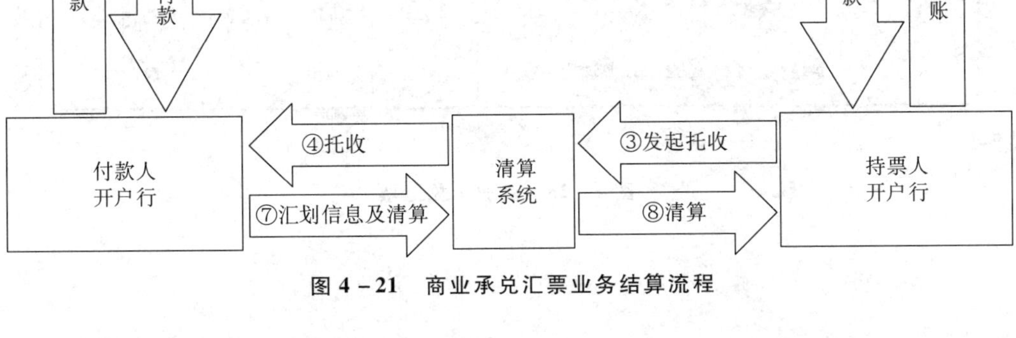

图 4－21　商业承兑汇票业务结算流程

一、持票人开户行受理汇票业务

1. 提示持票人填制委托收款凭证（见图4－22），加盖预留银行印鉴，连同商业承兑汇票（见图4－23）一并提交开户行

委邮

委托收款凭证（回单） 1

第　　号

委托日期：　　年　　月　　日　　　　委托号码：

付款人	全称		收款人	全称	
	账号或住址			账号或住址	
	开户银行			开户银行	
金额	人民币（大写）			（小写）	
款项内容		委托收款凭据名称		附寄单证张数	
备注：		款项收妥日期 年　月　日		收款人开户银行盖章 年　月　日	

此联收款人开户银行给收款人的回单

单位主管：　　会计：　　复核：　　记账：

图4－22　委托收款凭证

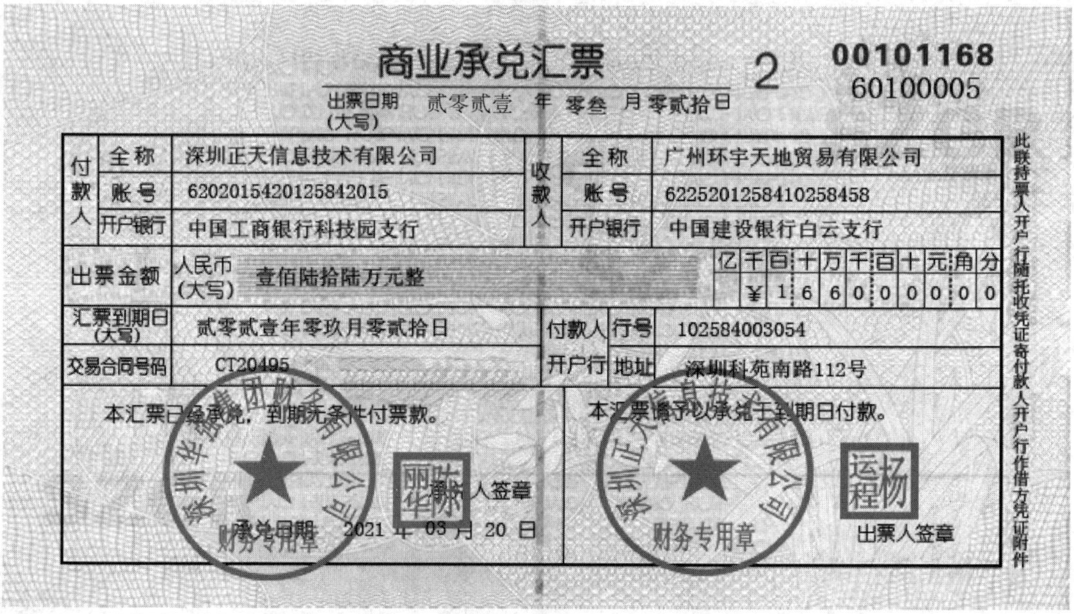

商业承兑汇票　2　00101168　60100005

出票日期（大写）　贰零贰壹　年　零叁　月　零贰拾　日

付款人	全称	深圳正天信息技术有限公司	收款人	全称	广州环宇天地贸易有限公司
	账号	6202015420125842015		账号	6225201258410258458
	开户银行	中国工商银行科技园支行		开户银行	中国建设银行白云支行
出票金额	人民币（大写）	壹佰陆拾陆万元整	亿千百十万千百十元角分		¥166000000
汇票到期日（大写）		贰零贰壹年零玖月零贰拾日	付款人开户行	行号	102584003054
交易合同号码		CT20495		地址	深圳科苑南路112号
本汇票已经承兑，到期无条件付票款。 承兑人签章 承兑日期　2021年03月20日			本汇票请予以承兑于到期日付款。 出票人签章		

此联持票人开户行随托收凭证寄付款人开户行作借方凭证附件

图4－23　商业承兑汇票

2. 审核凭证

持票人开户行应认真审查以下内容：

（1）汇票是否是统一印制的凭证。

（2）提示付款期限是否超过规定的期限。

商业汇票提示付款期，自汇票到期日起 10 日。持票人应在提示付款期限内通过开户银行委托收款或直接向付款人提示付款。可以提前三天匡算邮程，就是在实际操作中可以提前三天到银行进行托收，向出票人或付款人提示付款，持票人超过提示付款期限提示付款的，持票人开户银行不予受理。

（3）汇票上填明的持票人是否在本行开户。

（4）出票人、承兑人的签章是否符合规定。

（5）汇票必须记载的事项是否齐全；出票日期、出票金额、收款人名称是否更改；其他记载事项的更改是否有记载人签章证明。

（6）是否作成委托收款背书，背书转让的汇票其背书是否连续，签章是否符合规定；委托收款凭证的记载事项是否与汇票记载的事项相符。

（7）委托收款凭证的记载事项是否与汇票记载的事项相符。

3. 通过本行系统发送数据至清算中心

银行按有关规定审查无误后，在委托收款凭证各联上加盖“银行承兑汇票”戳记。第一联委托收款凭证上加盖业务公章作回单交给持票人；第二联登记“发出委托收款结算凭证登记簿”后，于其他联次专夹保管。将委托收款相关要素，录入系统，发起托收。

4. 登记“发出委托收款登记簿”

提示　本模块阐述系统内商业承兑汇票业务，跨系统业务参见项目六中的模块二、模块三、模块四。

二、付款人开户银行收到汇票业务

1. 接受系统信息

付款人开户行收到系统发来的汇划业务信息，确认是否为本行业务。

2. 通知付款

确认为本行业务后，通知付款人付款。系统自动将付款人收到付款通知的次日起第四日作为“预计付款日”，银行应于第四日上午开始营业时扣划票款。

3. 扣划款项

（1）付款人的银行账户有足够款项支付商业承兑汇票款。会计分录如下：

借：吸收存款——××存款——付款人户

　　贷：上存辖内款项

账务处理完毕，通过行内系统发送信息至收款行。

（2）付款人的银行账户不足支付或者无款支付。通过行内系统发送“无款支付”信息至收款人开户行。

（3）付款人拒绝支付。

付款人拒绝支付的，付款人应在接到付款通知起的 3 日内填制拒付理由书（见图 4－24），交付给开户行。付款人开户行将拒付信息逐级发送至收款人开户行。

委托收款结算 全部
部分 拒绝承付理由书

（四联）　　　　　　　　　　　　　　　　　　　　　　　　原委托号码:

（代回单或支款通知）

拒付日期:　　　年　　月　　日

<table>
<tr><td rowspan="3">收款人</td><td>全 称</td><td colspan="3"></td><td rowspan="3">付款人</td><td>全 称</td><td colspan="3"></td><td rowspan="6">此联银行给付款人的回单或支款通知</td></tr>
<tr><td>账 号</td><td colspan="3"></td><td>账 号</td><td colspan="3"></td></tr>
<tr><td>开户银行</td><td></td><td>行号</td><td></td><td>开户银行</td><td></td><td>行号</td><td></td></tr>
<tr><td>委托金额</td><td colspan="2"></td><td>拒付金额</td><td colspan="2"></td><td>部分承付金额</td><td colspan="3">千 百 十 万 千 百 十 元 角 分</td></tr>
<tr><td colspan="2">附寄证件张数或册数</td><td></td><td colspan="2">部分承付金额（大写）</td><td colspan="5"></td></tr>
<tr><td colspan="7">拒付理由:</td><td colspan="3">（付款单位签单）</td></tr>
</table>

单位主管:　　　　　　　会计:　　　　　　　复核:　　　　　　　记账:

图 4－24　拒绝承付理由书

三、持票人开户行收到款项划回信息或拒付信息的处理

1. 持票人开户行收到款项划回信息

会计分录如下：

借：上存辖内款项

　　贷：吸收存款——××存款——持票人户

然后通知收款人款已入账，并销记“发出委托收款登记簿”。

2. 持票人开户行收到拒付信息

（1）被拒付的委托收款业务是否为本行发出，拒付理由是否符合相关制度规定，如有无理退票，应及时与付款行沟通并重新发出托收。

（2）审核无误，确系退款理由符合要求，打印拒付理由书，将其与委托收款凭证和汇票退给收款人，同时销记“发出委托收款登记簿”。

任务导入

资料：

1. 2020 年 9 月 25 日，中国建设银行广州 A 支行，收到本行开户企业甲股份有限公司提交的商业承兑汇票及委托收款凭证，付款人为中国建设银行哈尔滨 B 支行开户的丙股份有限公司。会计部门审核无误，发起托收。票面金额为 40 000 元。票据到期日为 9 月 25 日。

2. 9 月 25 日，中国建设银行哈尔滨 B 支行收到托收信息，审核无误，通知丙公司付款。

3. 9 月 25 日，中国建设银行哈尔滨 B 支行成功扣款，发送业务汇划信息至建设银行广州 A 支行。

4. 9 月 25 日，建设银行广州 A 支行收到汇划信息，办理转账。

要求： 请根据相关业务，办理会计核算。

单元二　纸质银行承兑汇票业务的核算

银行承兑汇票业务结算流程，见图 4－25。

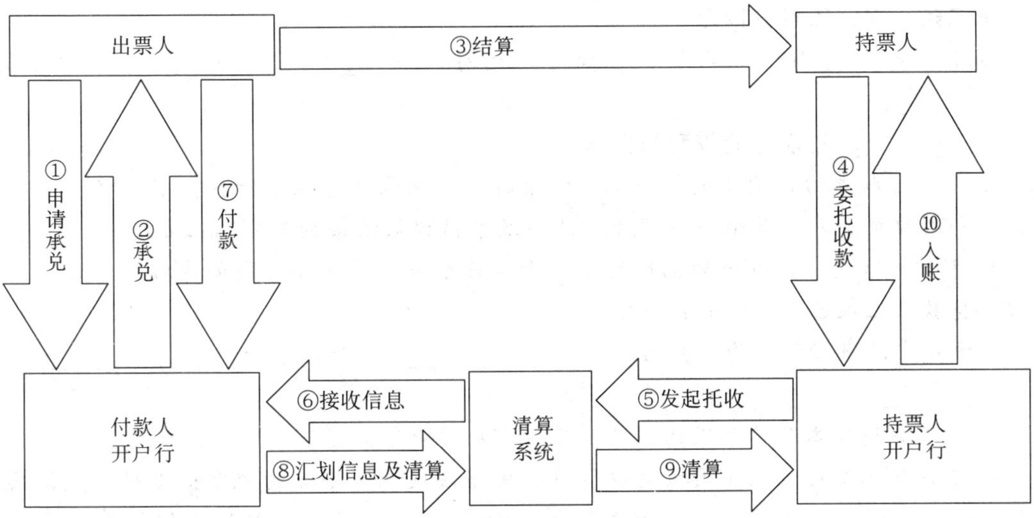

图 4－25　银行承兑汇票业务结算流程

一、承兑银行办理汇票承兑

1. 信贷部门与承兑申请人签订承兑协议

银行承兑汇票的出票人或持票人持银行承兑汇票向银行提示承兑时，银行的信贷部门需根据有关规定和程序审批，对出票人的资格、资信、购销合同和银行承兑汇票记载的内容进行认真审查，必要时可由出票人提供担保。符合规定和承兑条件的，与出票人签署承兑协议（见表 4－3），将协议通过本行系统提交至会计部门。

表 4－3　**银行承兑汇票协议**

协议编号：＿＿＿＿＿＿＿＿号

银行承兑汇票贴现协议

甲方（买入方）： 中国 ××银行＿＿＿＿＿＿＿＿

乙方（卖出方）：

甲、乙双方根据《中华人民共和国票据法》和其他有关法律、法规的规定，本着平等、自愿、诚实信用的原则，经充分协商达成如下条款，以资共同遵照执行。

续表

第一条　贴现金额及份数

乙方提供银行承兑汇票（大写）____份，（小写）____份，合计票面金额人民币（大写）________________________，（小写）________________________，向甲方申请办理贴现。

经甲方审核，同意对上述银行承兑汇票（大写）____份，（小写）____份，合计票面金额人民币（大写）____________________，（小写）____________________办理贴现。

第二条　甲、乙双方商定

贴现利率为____‰；实际划款金额为（大写）________________________（小写）________________________。

第三条　甲、乙双方的权利与义务

1. 甲方托收本协议项下的银行承兑汇票时，如遇承兑行拒绝付款，甲方将按《中华人民共和国票据法》和其他有关法律、法规及本协议第五条的规定向乙方追索。

2. 甲方经审查并同意办理贴现的票款于当日划付，并在合理期间内按双方选择的划款方式将款项汇入乙方指定的银行账户。

乙方指定的银行账户为：户名__________________；开户银行__________________；账号__________________。

3. 若甲方违反本条第 2 款的规定，乙方有权要求甲方返还违约部分票据。

4. 乙方保证本协议项下票据的取得符合票据法及相关法律的规定；银行承兑汇票及其提供的所有资料合法、真实、有效，因不符合上述事项而引起的任何损失概由乙方负责。

第四条　违约责任

甲、乙双方未履行协议规定的义务给对方造成损失的，应予赔偿。

第五条　追索和迟付利息的计算

甲方在其为乙方办理贴现的每份银行承兑汇票项下对乙方享有追索权。甲方应当将被拒绝付款事由书面通知乙方，乙方应保证在收到甲方追索通知之次日起三个工作日内，将被拒绝付款的汇票金额及迟收利息（汇票金额自到期日或提示付款日起至清偿日止，按中国人民银行规定的利率计算）划入甲方指定账户，并在甲方收妥前述款项后将票据取回。

第六条　争议的解决方式

本协议未尽事项，可由双方友好协商或诉讼方式解决，采取诉讼方式解决的应在甲方所在地人民法院提起诉讼。

第七条　协议的生效

本协议正本一式两份，自甲、乙双方法定代表人（负责人）或其授权代理人签字或盖章并加盖公章之日起生效。双方各执一份，具有同等法律效力。

续表

第八条 双方的其他约定

第九条 银行承兑汇票清单

序号	汇票号码	汇票签发日	汇票到期日	承兑银行	汇票金额

甲方：中国 ××银行 　　　　乙方：________________

________________ 　　　　________________

（盖章） 　　　　（盖章）

法定代表人（或负责人）： 　　　　法定代表人：

年 月 日 　　　　年 月 日

2. 会计部门审核

会计部门收到系统发来的承兑协议以及客户提交的银行承兑汇票，审核比对二者是否一致。同时，审核客户签发的银行承兑汇票必须记载的事项是否齐全，出票人的签章是否符合规定，出票人是否在本行开立存款账户，银行承兑汇票上记载的出票人名称、账号是否相符，银行承兑汇票是否为规定的统一印制的凭证。

3. 办理汇票承兑

会计部门审核无误后，在第一联、第二联银行承兑汇票上注明承兑协议编号，并在第二联银行承兑汇票“承兑人签章”处加盖汇票专用章，并由授权的经办人员签名或盖章。

4. 收取保证金及手续费

(1) 收取保证金。银行为承兑申请人开立保证金账户，从其结算账户转入资金。会计分录如下：

借：吸收存款——活期存款——承兑申请人户

　　贷：吸收存款——保证金存款（银行承兑汇票）——承兑申请人户

承兑汇票保证金应专户管理，承兑申请人缴存的保证金应按规定存入保证金专户。保证金专户必须实行封闭管理，用于支付对应到期的银行承兑汇票。严禁发生保证金专户与客户结算户串用、各子账户之间相互挪用等行为。不得提前支取保证金。

(2) 收取手续费。承兑行按汇票票面金额向申请人收取万分之五的手续费。

借：吸收存款——活期存款——承兑申请人户（或其他有关科目）

　　贷：手续费及佣金收入

5. 汇票交付

承兑行在第二联汇票“承兑人签章”处加盖汇票专用章并由授权的经办人签名或盖章。由出票人申请承兑的，将第二联银行承兑汇票（见图4－26）连同第一联承兑协议交给出票人。由持票人提示承兑的，将第二联承兑汇票交给持票人，第一联承兑协议交给出票人。

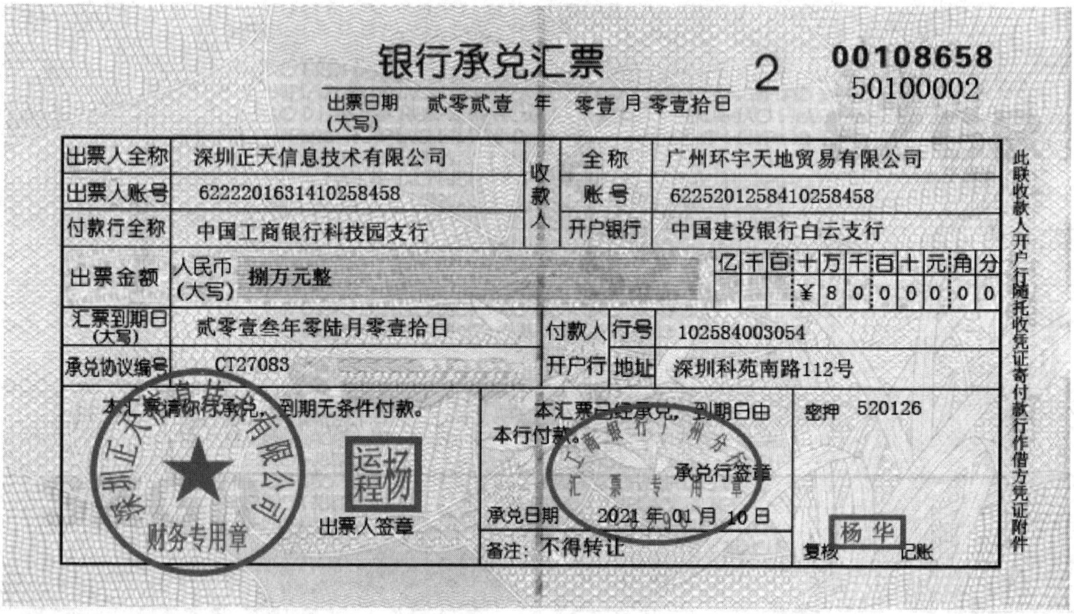

银行承兑汇票　2　00108658　50100002

出票日期（大写）　贰零贰壹　年　零壹　月　零壹拾　日

出票人全称	深圳正天信息技术有限公司	收款人	全称	广州环宇天地贸易有限公司
出票人账号	6222201631410258458		账号	6225201258410258458
付款行全称	中国工商银行科技园支行		开户银行	中国建设银行白云支行
出票金额	人民币（大写）捌万元整		亿千百十万千百十元角分	¥8000000
汇票到期日（大写）	贰零壹叁年零陆月零壹拾日	付款人开户行	行号	102584003054
承兑协议编号	CT27083		地址	深圳科苑南路112号
本汇票请你行承兑，到期无条件付款。出票人签章		本汇票已经承兑，到期日由本行付款。承兑行签章　承兑日期 2021年01月10日　备注：不得转让		密押 520126　复核 杨华　记账

此联收款人开户行随托收凭证寄付款行作借方凭证附件

图4－26　银行承兑汇票

6. 登记表外科目登记簿

根据第一联汇票填制“银行承兑汇票”表外科目收入传票，登记表外科目登记簿：

收入：银行承兑汇票

7. 填制说明

（1）出票日期：填写出票日期，出票日期必须使用中文大写，不得更改。月为壹、贰和壹拾的，应在其前加“零”。日为壹至玖和壹拾、贰拾和叁拾的，应在其前加“零”；日为拾壹至拾玖的，应在其前加“壹”。

（2）出票人全称：填写出票人全称。

（3）出票人账号：填写出票人存款账户的账号。

（4）付款行全称：填写出票人开户银行名称。

（5）出票金额：填写人民币大写金额，不得更改，大写金额数字应紧接“人民币”字样填写，不得留有空白。

（6）小写金额栏：填写小写金额，不得更改，大小写必须一致，前面加人民币符号“¥”。

（7）汇票到期日：填写汇票的到期日，必须使用中文大写，与出票日期填写要求相同，付款期限最长不得超过6个月。

（8）行号：填写承兑银行的行号。

（9）出票人签章：出票人加盖预留印鉴，一般为财务专用章与法人章。

（10）承兑行签章：承兑行在第二联（正联）加盖汇票专用章、经办人私章及承兑日期。

二、持票人开户行受理汇票业务

（1）提示持票人填制委托收款凭证（参考商业承兑汇票）。

（2）审核凭证（参考商业承兑汇票）。

（3）通过本行系统发送数据至清算中心，发起托收（参考商业承兑汇票）。

（4）登记“发出委托收款登记簿”。

提示　本模块阐述系统内商业银行承兑汇票业务，跨系统业务参见项目六中的模块二、模块三、模块四。

三、承兑银行到期收取承兑汇票款

承兑银行因留有银行承兑汇票和承兑协议，故应在每天查看银行承兑汇票的到期情况。对于到期的银行承兑汇票，承兑银行应于到期日（法定节假日顺延）向承兑申请人收取票款。

（1）全额保证金扣款，会计分录如下：

借：吸收存款——保证金存款（银行承兑汇票）——承兑申请人户

　　贷：应解汇款

（2）部分保证金扣款，不足部分从出票人结算账户扣收。会计分录如下：

借：吸收存款——保证金存款（银行承兑汇票）——承兑申请人户

　　吸收存款——活期存款——承兑申请人户

　　贷：应解汇款

（3）保证金账户 + 结算账户不足支付，银行需要垫款，会计分录如下：

借：吸收存款——保证金存款（银行承兑汇票）——承兑申请人户（或其他有关科目）

　　吸收存款——活期存款——承兑申请人户

　　垫款——银行承兑汇票垫款（本金）

　　贷：应解汇款

四、承兑银行支付承兑汇票款

1. 接受系统信息

付款人开户行收到系统发来的托收信息，应抽取专夹保管的银行承兑汇票卡片和承兑协议副本，并认真审查。

（1）该汇票是否为本行承兑，与汇票卡片号码和记载事项是否相符。

（2）委托收款凭证记载的事项是否与汇票记载的事项相符。

2. 办理转账

审查无误后，办理转账：

借：应解汇款

贷：上存辖内款项

3. 销记表外科目

付：银行承兑汇票

4. 发送确认回执信息给收款人开户行

五、持票人开户行收到汇划信息

持票人开户行收到系统发来的确认回执信息，与银行留存的委托收款凭证核对无误后，确认为本行业务，办理转账。会计分录如下：

借：上存辖内款项

贷：吸收存款——活期存款——持票人户

任务导入

资料：

1. 2020 年 11 月 12 日，中国工商银行广州 A 支行会计部门，收到本行系统发来的与开户单位大海食品公司签订的银行承兑协议，以及该公司签发的面额为 10 万元的银行承兑汇票，汇款用途为购货款，收款人为哈尔滨市的乐胜饮料有限公司。经会计部门审核无误，办理汇票承兑。承兑手续费为票面额万分之五，汇票保证金为 1 万元。

2. 2020 年 11 月 14 日，大海食品公司将汇票交给乐胜饮料有限公司办理结算。

3. 2020 年 12 月 14 日，乐胜饮料有限公司持汇票到其开户行，中国工商银行哈尔滨 B 支行处申请付款。经该行审核无误，通过本行系统发送数据至清算中心，发起托收。

4. 2020 年 12 月 14 号，中国工商银行广州 A 支行，成功扣取承兑汇票款。

5. 2020 年 12 月 14 号，中国工商银行广州 A 支行，收到本行系统发来的托收信息，审核无误，办理转账，并发送确认回执信息至收款人开户行。

6. 2020 年 12 月 14 号，工商银行哈尔滨 B 支行收到系统发来的确认回执信息，审核无误，办理转账。

要求：请对相关业务展开会计处理。

单元三　电子商业汇票业务的核算

一、概念及特点

电子商业汇票，是出票人依托电子商业汇票系统，以数据电文形式制作的，委托付款人在指定日期无条件支付确定的金额给收款人或者持票人的票据。电子商业汇票又分为电子银行承兑汇票和电子商业承兑汇票。

电子商业汇票也是定日付款票据，付款期限自出票日起，至票据到期日止，最长不得超过 1 年。

与纸质商业汇票相比，电子商业汇票具有以数据电文形式签发、流转，并以电子签名取代实体签章的两个突出特点。

二、管理范畴

电子商业汇票系统与纸质商业汇票系统，均纳入大额支付系统管理范畴。

电子商业汇票管理流程，见图 4－27。

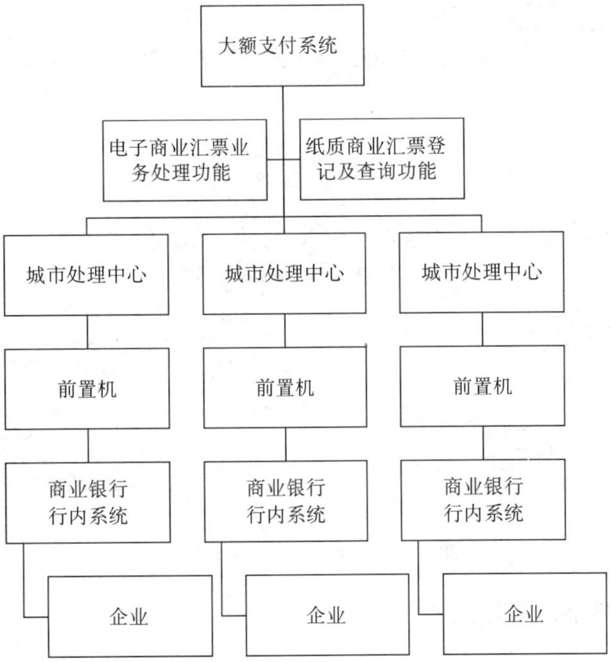

图 4－27　电子商业汇票管理流程

三、出票（含承兑）业务流程

电子商业汇票出票（含承兑）结算流程，见图 4－28。

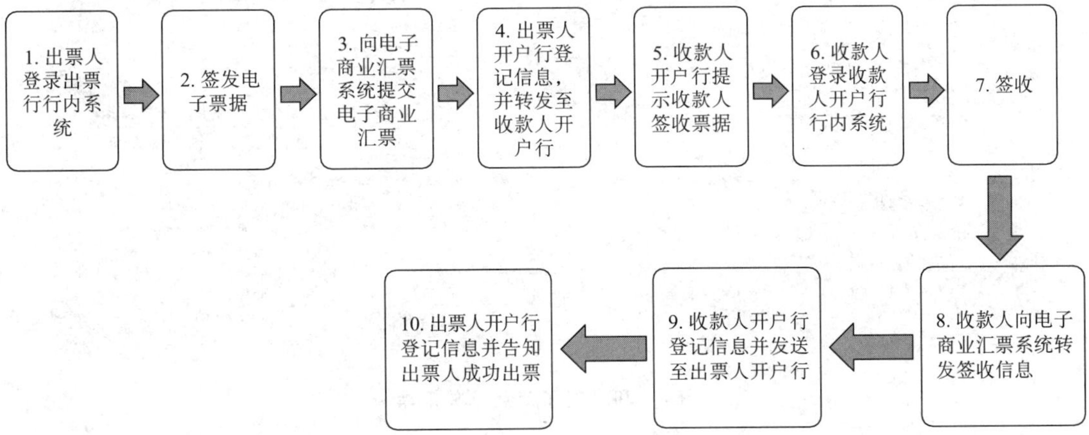

图 4－28　出票（含承兑）业务流程

会计分录，详见纸质“商业承兑汇票及纸质银行承兑汇票”。

提示

出票人出票后，也可线下通知收款人签收。

电子银行承兑汇票票样，见图 4 – 29。

电子商业汇票系统
Electronic Commercial Draft System

电子银行承兑汇票

显示票样

出票日期　　　　票据状态：

汇票到期日　　　票据号码

出票人	全称		收票人	全称	
	账号			账号	
	开户银行			开户银行	
出票保证信息	保证人名称：		保证人地址：		保证日期：
票据金额	人民币（大写）		十 亿 千 百 十 万 千 百 十 元 角 分		
承兑人信息	全称		开户行行号		
	账号		开户行名称		
交易合同号			承兑信息	出票人承诺：本汇票请予以承兑，到期无条件付款	
能否转让				承兑人承兑：本汇票已经承兑，到期无条件付款	
				承兑日期	
承兑保证信息	保证人名称：		保证人地址：		保证日期：
评级信息（由出票人、承兑人自己记载，仅供参考）	出票人	评级主体：		信用等级：	评级到期日：
	承兑人	评级主体：		信用等级：	评级到期日：

图 4 – 29　电子银行承兑汇票

电子商业承兑汇票票样，见图 4 – 30。

显示日期：2009-10-20

显示票样

电子商业汇票系统
Electronic Commercial Draft System

电子商业承兑汇票

出票日期　2009-10-20　　　票据状态　提示收票已签收

汇票到期日　2010-10-20　　票据号码　2 313290020034 20091020 00019875 8

出票人	全称	上海宝钢	收款人	全称	浦东金桥
	账号	01090316800120109011532		账号	01090316800120109011533
	开户银行	北京银行股份有限公司上海宝山支行		开户银行	北京银行股份有限公司上海浦东支行
出票保证信息	保证人名称：		保证人地址：		保证日期：
票据金额	人民币（大写）	捌万五仟零贰元整	十 亿 千 百 十 万 千 百 十 元 角 分		¥ 8 5 0 0 2 0 0
承兑人信息	全称	上海金茂大厦	开户行行号	313290020026	
	账号	01090316800120109011534	开户行名称	北京银行股份有限公司上海分行营业部	
交易合同号	sc85002		承兑信息	出票人承诺：本汇票请予以承兑，到期无条件付款	
能否转让	可再转让			承兑人承兑：本汇票已经承兑，到期无条件付款	
				承兑日期 2009-10-20	
承兑保证信息	保证人名称：		保证人地址：		保证日期：
评级信息（由出票人、承兑人自己记载，仅供参考）	出票人	评级主体：		信用等级：	评级到期日：
	承兑人	评级主体：		信用等级：	评级到期日：

图 4 – 30　电子商业承兑汇票

四、提示付款

持票人应在提示付款期（T＋10）内向承兑人提示付款（可选择线上清算或者线下清算）。

提示付款期自票据到期日起10日，最后一日遇法定节假日、大额支付系统非营业日、电子商业汇票系统非营业日顺延。

电子商业承兑汇票承兑人在票据到期后收到提示付款请求且在收到该请求次日起第3日（遇法定节假日、大额支付系统非营业日、电子商业汇票系统非营业日顺延）仍未应答的，接入机构应按其与承兑人签订的《电子商业汇票业务服务协议》，进行如下处理：

（1）承兑人账户余额在该日电子商业汇票系统营业截止时足够支付票款的，则视同承兑人同意付款，承兑人开户行应扣划承兑人账户资金支付票款，并在下一日（遇法定节假日、大额支付系统非营业日、电子商业汇票系统非营业日顺延）电子商业汇票系统营业开始时代承兑人作出付款应答，并代理签章。

会计分录，详见纸质商业承兑汇票及纸质银行承兑汇票。

（2）承兑人账户余额在该日电子商业汇票系统营业截止时不足以支付票款的，则视同承兑人拒绝付款，接入机构应在下一日（遇法定节假日、大额支付系统非营业日、电子商业汇票系统非营业日顺延）电子商业汇票系统营业开始时代承兑人作出拒付应答，并代理签章。

会计分录，详见纸质商业承兑汇票及纸质银行承兑汇票。

五、信用信息查询

票据操作人可查询票据承兑人和直接前手背书人的支付信用信息，人民银行可查询所有交易主体的支付信用信息。

票据操作人是各类票据行为中，处于待签收状态的当事人，包括待签收的收款人、背书人、承兑人、保证人等。

查询人在同一票据行为中，对同一特定被查询人的支付信用信息查询业务只能发起一次。

5 项目五 非票据结算方式的核算

知识目标

1. 了解汇兑业务的有关要求和规定。
2. 掌握委托收款业务的有关要求和规定。
3. 熟悉托收承付业务的有关要求与规定。
4. 掌握相关会计科目的设置和使用。

技能目标

1. 根据汇兑业务处理程序及要求，完成会计处理。
2. 根据委托收款业务处理程序及要求，完成会计处理。
3. 根据托收承付业务处理程序及要求，完成会计处理。

素养目标

1. 培养学生依法办事、坚守准则、保守秘密的职业修养。
2. 培养学生认真、细致、严谨的工作作风和敬业精神。
3. 培养学生诚实守信的职业道德和廉洁自律的会计品格。
4. 培养学生分工明确、职责明晰、协同高效的会计岗位意识。

模块一
汇兑业务的核算

相关知识

一、业务对象

单位和个人异地结算各种款项，均可使用汇兑结算方式。

二、金额起点

汇兑结算没有金额起点，也没有最高限额。

三、汇款人填制汇兑凭证必须记载的事项

拓展知识

汇款人填制汇兑凭证必须记载的事项有：①表明“电汇”字样；②无条件支付的委托；③确定的金额；④收款人名称；⑤汇款人名称；⑥汇入地点、汇入行名称；⑦汇出地点、汇出行名称；⑧委托日期（委托日期是指汇款人向银行提交汇兑凭证的当日）；⑨汇款人签章。扫描二维码，可查看图例。

汇兑凭证上欠缺记载上列事项之一的，银行不予受理。汇兑凭证记载的汇款人名称、收款人名称，其在银行开立存款账户的，必须记载其账号，欠缺记载的，银行不予受理。

四、汇兑业务结算流程（见图5－1）

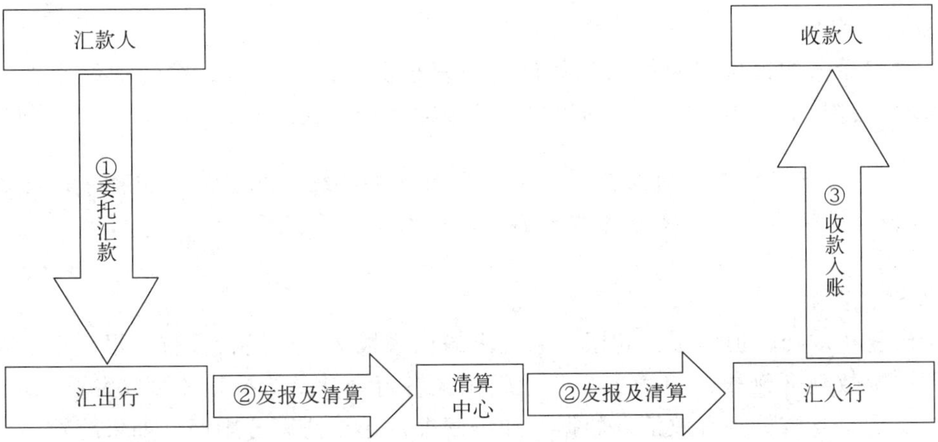

图5－1　汇兑业务结算流程

业务核算

一、汇出行接受委托，汇出款项

1. 审核单证

（1）电汇凭证必须记载的各项内容是否齐全、正确。

（2）汇款人账户内是否有足够支付的余额。

（3）汇款人的签章是否与预留银行签章相符。

（4）对填明“现金”字样的电汇凭证，汇款人和收款人是否均为个人。

（5）委托日期、收款人信息及金额是否涂改；金额填写是否正确，大、小写是否一致。

（6）汇兑凭证的委托日期是否为汇款人向汇出银行提交汇兑凭证的当日。

2. 审核无误，办理转账

（1）转账汇款，会计分录如下：

借：吸收存款——××存款——汇款人户

　　贷：上存辖内款项

　　　　手续费及佣金收入

（2）现金汇款，会计分录如下：

借：库存现金

　　贷：应解汇款——汇款人户

借：应解汇款——汇款人户

　　贷：上存辖内款项

　　　　手续费及佣金收入

3. 业务录入

扣款成功后，记账柜员将申请人提交的原始结算凭证上的要素转换为电子文件，形成报单。录入员处理完毕，盖章交复核员。

4. 复核、发报

复核员将录入的报单与原始结算凭证逐项复核。无误后确认，系统加编密押。复核之后，若金额在授权额度内，系统自动发报。若金额大于授权限额，则进入“待授权”状态。

> **提示**　各家银行系统内业务，在传输过程中使用统一配置的加密机具进行加密传输。系统自动进行各个环节的编、核押工作。

5. 授权、发报

对于已复核成功，但因金额超限，未发出的往账报文，应进行授权发报。系统要求对业务额达到一定数额（例如，10万元）以上，须经各行会计主管授权才可以发送。

授权之后，复核员将有效汇划数据，加编密押发送至清算分中心。如果跨辖区业务，则由清算分中心发送至清算总中心。

6. 交付回单

受理柜员在客户回执联上加盖受理戳记，退给客户作为受理业务的依据。汇款回单只能作为汇出银行受理汇款的依据，不能作为该笔汇款已转入收款人账户的证明。

> **提示** 本模块阐述同一银行系统内汇兑业务，跨行业务参见项目六模块二及模块三。

二、汇入行收到汇划信息后的处理

汇入行收到系统发来的汇划数据，确认为本行业务。款项打入收款人账户。会计分录为：

借：上存辖内款项

　　贷：吸收存款——××存款——收款人户

三、退汇的核算

1. 汇出行处理

（1）原申请人提交“退汇申请书”。

（2）通过清算系统，发送“退汇申请”。

（3）分情况处理：

①款项尚未汇出，在汇出行的。汇款人申请退汇时，凭申请人出具的正式函件或本人身份证件及原汇款汇单办理撤销。

（a）转账汇款尚未汇出，会计分录如下：

借：上存辖内款项

　　贷：吸收存款——××存款——汇款人户

（b）现金汇款尚未汇出，会计分录如下：

借：上存辖内款项

　　贷：应解汇款——汇款人户

借：应解汇款——汇款人户

　　贷：库存现金

②款项已经进入收款人账户，由汇款人与收款人自行联系退汇，并打印“拒绝退回通知书”给客户。

③款项未进入收款人账户，在途中，系统会发送“同意退回”信息。退回款项给客户。会计分录比照上述（3）中的①。

2. 汇入行处理

（1）接受系统发送的“退汇申请”，经确认款项确未支付的，将款项退回汇出行，处理手续比照汇出行汇出业务处理。

（2）款项已经支付的，发送报文通知汇出行，不予办理退汇。

任务导入

资料：

2020 年 9 月 15 日，中国建设银行广州 A 支行开户企业甲股份有限公司提交汇款申请，委托银行办理汇款，该行审核无误，收取手续费 50 元，给予办理业务。

要求：请对相关业务进行会计处理。

模块二 委托收款业务的核算

相关知识

一、业务对象

委托方（收款人）和付款方（付款人）是单位和个人都可以办理委托收款结算方式。

二、业务范围

已承兑的商业汇票（含商业承兑汇票和银行承兑汇票）、债券、存单等付款人债务证明。水电费、电话费、数据费等公共事业收费经双方确认发票及收据。同城、异地结算均可。

三、金额起点

委托收款结算没有金额起点和最高限额。

四、签发委托收款凭证，必须记载的事项

①表明“委托收款”的字样；②确定的金额；③付款人名称；④收款人名称；⑤付款人开户银行名称；⑥收款人开户银行名称；⑦委托收款凭据名称及附带单证张数；⑧委托日期；⑨收款人签章。委托收款凭证上欠缺上述记载事项之一的，银行不予受理。

五、委托收款结算流程（见图5－2）

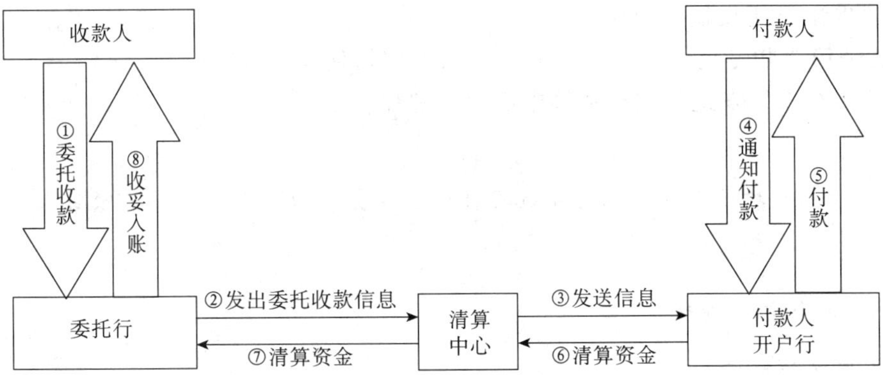

图5－2　委托收款结算流程

▣ 业务核算

一、收款人开户行受理委托收款业务

1. 审核单证

收款人开户行收到上述凭证后，应按规定认真审查：

（1）委托收款凭证填写的各项内容是否清楚、齐全、正确。

（2）大、小写金额是否相符。

（3）收款人的印章是否与预留银行的印鉴相符合。

（4）委托收款凭证（见图5－3）填写的各项内容是否与所付单证一致。

委邮

委托收款凭证（回单）　1

第　　号

委托日期：　　年　　月　　日　　　　委托号码：

付款人	全称		收款人	全称	
	账号或住址			账号或住址	
	开户银行			开户银行	
金额	人民币（大写）			（小写）	
款项内容		委托收款凭据名称		附寄单证张数	
备注：		款项收妥日期　年　月　日		收款人开户银行盖章　年　月　日	

此联收款人开户银行给收款人的回单

单位主管：　　会计：　　复核：　　记账：

图5－3　委托收款凭证

2. 退回单

在委托收款第一联凭证上加盖业务公章返交收款人。

3. 登记发出委托收款登记簿

托收凭证第二联专夹保管，并登记“发出委托收款登记簿”。

4. 通过本行系统发送数据至清算中心，发起托收

提示

本模块阐述同一银行系统委托收款业务，跨行业务请参见项目六。

二、付款人开户行付款业务

1. 接受系统信息

付款人开户行收到系统发来的汇划业务信息，确认是否为本行业务。

2. 通知付款

确认为本行业务后，通知付款人付款。

3. 扣划款项

（1）付款人为银行，会计分录如下：

借：应解汇款

　　贷：上存辖内款项

（2）付款人为单位。

付款人为单位，应在规定的付款期内付款。付款期为3天，从付款人开户银行发出付款通知的次日算起（付款期内遇节假日顺延），付款人在付款期内未向银行提出异议，银行视作同意付款，并在付款期满的次日（节假日顺延），将款项主动划给收款人。

①付款人账户足够支付全部款项的，会计分录如下：

借：吸收存款——××存款——付款人户

　　贷：上存辖内款项

账务处理完毕，通过行内系统发送汇划信息至收款行。

②若付款人账户不足支付，则在登记簿上注明退回日期和“无款支付”字样。通过行内系统发送“无款支付”信息至收款人开户行。

③若付款人拒绝付款，应由付款人在规定时间内提交“拒绝付款理由书”（见图5-4）以及“债务证明”，经核对无误后，在委托收款凭证登记簿备注栏注明“拒绝付款”字样。然后将第一联拒付理由书加盖业务公章作为回单退还付款人，通过行内系统发送“拒付”信息至收款人开户行。

委托收款结算 全部/部分 拒绝承付理由书

（四联）　　　　原委托号码：

（代回单或支款通知）

拒付日期：　　年　　月　　日

<table>
<tr><td rowspan="3">收款人</td><td>全　称</td><td colspan="3"></td><td rowspan="3">付款人</td><td>全　称</td><td colspan="3"></td></tr>
<tr><td>账　号</td><td colspan="3"></td><td>账　号</td><td colspan="3"></td></tr>
<tr><td>开户银行</td><td></td><td>行号</td><td></td><td>开户银行</td><td></td><td>行号</td><td></td></tr>
<tr><td>委托金额</td><td colspan="2"></td><td>拒付金额</td><td colspan="2"></td><td>部分承付金额</td><td colspan="3">千 百 十 万 千 百 十 元 角 分</td></tr>
<tr><td>附寄证件张数或册数</td><td colspan="2"></td><td>部分承付金额（大写）</td><td colspan="6"></td></tr>
<tr><td colspan="8">拒付理由：
（付款单位签单）</td><td colspan="2"></td></tr>
</table>

此联银行给付款人的回单或支款通知

单位主管：　　会计：　　复核：　　记账：

图 5－4　拒绝承付理由书

三、收款人开户行收到款项划回信息或拒付信息

1. 持票人开户行收到款项划回信息

会计分录如下：

借：上存辖内款项

　　贷：吸收存款——××存款——持票人户

然后通知收款人款已入账，并销记“发出委托收款登记簿”。

2. 持票人开户行收到拒付信息

（1）审核被拒付的委托收款业务是否为本行发出。

（2）将拒付理由书与委托收款凭证对比，检查相关凭证内容是否相符。

（3）经核对无误后，在原留存的第二联委托收款凭证备注栏注明“拒绝付款”字样，销记发出委托收款凭证登记簿。然后将委收第四、第五联及债务证明和第四联拒付理由书退交收款人并由其签收，将第三联拒付理由书连同第二联委托收款凭证一并保管备查。

3. 收到“无款支付”信息

经前述审核后，在原留存的第二联委托收款凭证上注明“无款支付”字样。打印付款理由书，将其与第四、第五联委托收款凭证和相关债务证明，交由收款人签收，同时销记“发出委托收款登记簿”。其余由银行备查保管。

提示

委托收款业务，银行不审核拒付理由是否成立。

任务导入

参考项目四模块四“商业汇票业务”。

模块三
托收承付业务的核算

相关知识

托收承付亦称异地托收承付，是指根据购销合同由收款人发货后，委托银行向异地付款人收取款项，由付款人向银行承认付款的结算方式。

一、适用范围

（1）使用托收承付结算方式的购销双方必须是国有企业、供销合作社以及经开户银行审查同意的公司客户。

（2）托收承付款项仅限于商品交易及其派生的劳务供应。非商品交易以及代销、寄销、赊销、预付等不能办理托收承付结算。

（3）托收承付结算方式只能用于异地之间商品交易款项的结算方式。

（4）收款人办理托收，必须具有商品确已发运的证件。

二、托收依据

（1）收付双方使用托收承付结算必须签有符合《中华人民共和国民法典》的购销合同，并在合同上说明使用异地托收承付结算方式。

（2）收款人办理托收，必须具有商品确已发运的证件（包括铁路、航运、公路等运输部门签发的运单、运单副本和邮局包裹回执）。没有发运证件，可凭其他有关证件办理。

拓展知识

三、收付双方办理托收承付结算，必须重合同、守信用

根据《中华人民共和国支付结算办法》规定，若收款人对同一付款人发货托收累计三次收不回货款的，收款人开户银行应暂停收款人向付款人办理托收；付款人累计三次提出无理拒付的，付款人开户银行应暂停其向外办理托收。

拓展知识

四、金额起点

托收承付结算每笔的金额起点为1万元。目前部分银行规定起点为1 000元。

五、签发托收承付结算凭证（见图5－5）

托收承付结算凭证必须记载以下事项：①表明“托收承付”字样；②确定的金额；③付款人名称和账号；④付款人开户行名称；⑤收款人开户行名称；⑥托收附寄单证张数或册数；⑦合同名称、号码；⑧委托日期；⑨收款人签章。

以上事项缺一不可，欠缺一项，银行不予受理。

中国××银行托收承付凭单(回单) 1

托收号码:

<table>
<tr><td rowspan="3">收款单位</td><td>全　称</td><td colspan="3"></td><td rowspan="3">付款单位</td><td>全　称</td><td colspan="3"></td></tr>
<tr><td>账　号</td><td colspan="3"></td><td>账号或地址</td><td colspan="3"></td></tr>
<tr><td>开户银行</td><td></td><td>行号</td><td></td><td>开户银行</td><td colspan="3"></td></tr>
<tr><td>委托金额</td><td colspan="6">人民币
（大写）</td><td colspan="3">千 百 十 万 千 百 十 元 角 分</td></tr>
<tr><td colspan="2">附　件</td><td colspan="4">商品发运情况</td><td colspan="4">合同名称号码</td></tr>
<tr><td>附寄证件
张数或册数</td><td></td><td colspan="4"></td><td colspan="4"></td></tr>
<tr><td>备注:</td><td></td><td colspan="2"></td><td colspan="3">款项收妥日期
年　月　日</td><td colspan="3">（收款单位开户行盖章）
年　月　日</td></tr>
</table>

此联是收款单位开户银行给收款单位的回单

单位主管:　　会计:　　复核:　　记账:

图5－5　银行托收承付凭单

六、托收承付结算流程（见图5－6）

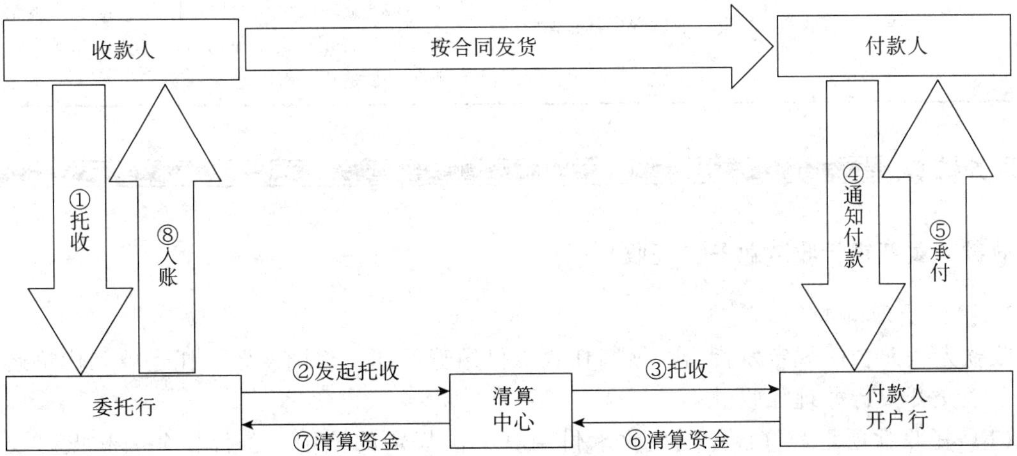

图5－6　托收承付结算流程

七、委托收款与托收承付的差异（见表5－1）

表5－1　委托收款与托收承付的差异

	委托收款	托收承付
1. 适用范围	•同城、异地结算 •不强调交易双方订有合同和货物发运证件，只规定必须提供委托银行收款的凭据 •适用于各种款项的结算。即适用于水电、邮电、电话等劳务款项的结算，也适用于单位和个人凭借已经承兑的商业汇票、债券、存单等付款人债务证明办理款项的结算	•异地结算 •必须是商品交易以及因商品交易而产生的劳务供应的款项，代销、寄销、赊销商品的款项不得办理托收承付结算
2. 业务条件	•债务证明或者发票	•经济合同，且合同注明使用托收承付结算方式
3. 金额起点	•无起点的限制	•托收承付的起点金额为10 000元（部分银行降低为1 000元）
4. 付款方式	•验单付款，且一次支付，付款期三天	•可以延期付款三个月，延付必须支付赔偿金；使用验单付款及验货付款两种方式，验单付款期三天，验货付款期十天
5. 银行承担的责任	•银行不必审核拒付理由，但不能说银行不负任何责任，银行也应按照委托收款结算的有关规定对有关凭证单据进行认真审查	•银行必须严审拒付理由。也就是说，托收承付业务，银行除了起到支付中介作用，还要起到审核人作用。将单位之间的商业信用纳入银行信用进行管理
6. 业务基础	•委托收款，可以凭据发票、银行承兑汇票等委托银行收款。因此，收款方更具有保障性	•“先货后款”，容易出现货发出后货款收不回来的问题。 •必须建立在收付双方均是相当了解 、高度信任且付款单位有充足资金作为付款保证的基础上的，否则很容易造成托而不付

▣ 业务核算

一、收款人委托银行收款业务（托收）

1. 银行受理审查

收款人按照合同规定发货后，填制托收承付结算凭证，连同发票、托运单和代垫运费等单据，送交开户行办理托收。

（1）托收款项是否符合异地托收承付结算办法规定的范围、条件、金额起点以及其他有关规定。

（2）有无商品已发运的证件。

（3）托收凭证是否填写齐全，是否符合填写要求。

（4）托收凭证与所附单证的张数是否相符。

（5）托收凭证上是否加盖收款人的印章。

必要时，还应查验收付款人签订的购销合同。

2. 登记“发出托收登记簿”

3. 审核无误，通过行内系统发送托收信息至收款行

提示　本模块阐述同一银行系统委托收款业务，跨行业务参见项目六模块二、模块三及模块四。

二、付款人开户行办理承付

1. 通知付款人

付款人开户行通过行内系统，收到发来的信息，应审查付款人是否在本行开户审查无误后，及时通知付款人。

通知的方法，可以根据具体情况与付款人签订协议，采用付款人来行自取、派人送达或对距离较远的付款人邮寄等。

验单付款的承付期为3天，从银行对付款人发出承付通知日的次日算起（承付期内遇法定节假日顺延），必须邮寄的，应加邮寄时间。验货付款的承付期为10天，从运输部门向付款人发出提货通知日的次日算起。

提示　只有到截止日时，遇到法定节假日才谈得上“顺延”，中间出现的法定节假日并不中止计算。

2. 逐笔登记定期代收结算凭证登记簿

3. 付款人付款处理

（1）全额付款

付款人开户行应在承付期满次日（遇法定节假日顺延）扣取款项。会计分录如下：

借：吸收存款——活期存款——××公司户

　　贷：上存辖内款项

提示　承付期内，如付款人未向银行表示拒绝付款，银行视为默认承付，于承付期满的次日从付款人的账户将款项转出至收款人开户行。

案例分析　甲公司验单付款的托收承付款项一笔，2020年8月11日甲公司开户银行发出承付通知，甲公司未向银行表示拒绝付款，请问银行最晚扣款时间为哪天？

付款完成后，通过行内系统发送资金汇划信息至收款人开户行。

（2）提前承付

付款人在承付期满前通知银行提前付款，比照“全额付款”处理。

（3）多承付

付款人如因商品的价格、数量或金额变动等原因，要求对本笔托收多承付款项一并划回时，付款人应填制四联“多承付理由书”（以托收承付拒绝付款理由书改用）提交开户行。开户行审核无误，比照“全额付款”处理。

（4）逾期付款

付款人在承付期满次日，开户行营业终了前，账户无款支付的，即为逾期未付款。付款人开户行通过行内系统发送逾期付款信息至收款人开户行。

对逾期付款处理办法如下：

①付款人开户银行，按每天0.05%计算逾期付款赔偿金。

提示 逾期付款的天数从承付期满日算起（算头不算尾），也即是承付期满日银行营业终了时，对于逾期付款应当算作逾期一天；承付期满的次日（如遇节假日顺延，但以后遇节假日照算逾期天数）银行营业终了时，如果付款人仍无足够资金支付，应当算作逾期两天，依次类推。

②赔偿金实行定期扣付，每月计算一次，于次月3日内单独划给收款人。但在月内有部分付款时，其赔偿金应随同部分付款的金额划给收款人，对尚未支付的款项月末再计算赔偿金。

③付款人开户银行要随时掌握付款人账户逾期未付的资金情况，待账户有款时，必须将逾期未付的款项和赔偿金及时扣划给收款人，不得拖延扣划。

④付款人累计三次拖欠货款的，其开户银行应当通知收款人，停止对该付款人办理托收。

⑤付款人开户银行对逾期未付的托收凭证，负责进行扣款的期限为3个月。期满时如付款人仍未付清款项，付款人仍无足够资金支付尚未付清的欠款，银行应要求付款人退回有关交易单据，并将应付的赔偿金划给收款人。对于付款人不退回单据的，银行于发出通知的第三天起，按照尚未付清欠款的金额，每天处以0.05%但不低于50元的罚款。付款人逾期不退回单证的，开户行按前述规定给予的罚款，作为银行的营业外收入处理。

（5）部分付款

付款人在承付期满日开户行营业终了前，账户只能部分支付的，比照“全额付款”处理。

同时，要随时掌握付款人账户余额，等到付款人账户有款可以一次或分次扣款时，比照部分付款的有关手续办理，并将逾期付款的款项和赔偿金一并划付给收款人。

（6）全部或部分拒绝付款

付款人在承付期内提出全部或部分拒绝付款时，应填制全部或部分拒绝付款理由书，连同有关的拒付证明及所附单证送交开户行。

拓展知识

银行要严格按照支付结算办法有关托收承付拒绝付款的规定对付款人提出的拒绝付款进行认真审查。对拒绝付款的手续不全、依据不足、理由不符合规定和不属于支付结算办法有关托收承付中可以拒绝付款情况的，以及超过承付期拒付或将部分拒付提为全部拒付的，均不得受理。对不同意拒付的，要实行强制扣款。对无理的拒绝付款，而增加银行审查时间的，应从承付期满日起，为收款人计扣逾期付款赔偿金。

对符合规定同意拒付的，应在拒绝付款理由书上签注意见。并在托收凭证和登记簿备注栏注明“全部或部分拒付”字样。然后将第一联拒绝付款理由书加盖业务公章作为回单退还付款人，将其他联一并留存备查。然后将拒付信息，通过行内系统发送至收款人开户行。

部分拒绝付款账务处理，比照“全额付款”处理。

提示　根据中国人民银行《支付结算办法》第一百九十三条的规定，下列情况付款人在承付期内，可向银行提出全部或部分拒绝付款：

1. 托收的款项，不是双方签定的经济合同所规定的款项；
2. 未经双方事先达成协议，收款人逾期交货，付款人不再需要该项货物的托收款项；
3. 未经双方事先达成协议，收款人提前交货的托收款项；
4. 未按合同规定的到货地址发货的托收款项；
5. 验单发现所列货物的品种、质量、规格、数量、价格与合同规定不符；
6. 虽是验单付款，但在承付期内货物已到，经查验货物与合同规格或发货清单不符；
7. 验货付款，经查验货物与合同规定或与发货清单不符；
8. 款项已经支付，或价款计算有误。
9. 付款单位自提自运商品的，不得拒付，因为收款单位在自提自运商品时对商品的品种、规格、质量、数量等已经当面验收。

三、收款人开户行收到款项划回信息或者拒付信息、逾期划回信息等的处理

1. 收到全额款项划回信息

会计分录如下：

借：上存辖内款项

　　贷：吸收存款——活期存款——持票人户

然后通知收款人款已入账，并销记“发出托收承付登记簿”。

2. 收到多承付款划回信息

比照“全额款项划回”处理。

3. 收到全部或部分拒付信息

（1）被拒付的托收业务是否为本行发出。将拒付理由书与托收承付凭证对比，检查相关凭证内容是否相符。

（2）拒付理由是否符合相关制度规定，如有无理退票应及时与付款行沟通并重新发出托收。

（3）经核对无误后，在原留存的第二联托收承付凭证备注栏注明“拒绝付款”字样，销记发出托收承付凭证登记簿。然后将托收承付第四联及相关证明和打印的拒付理由书退交收款人并由其签收，将其中一联拒付理由书连同其他联托收承付凭证一并保管备查。

部分拒绝付款，账务处理比照“全额划回”。

4. 收到“无款支付”或“逾期划回”信息

经前述审核后，在原留存的第二联委托收款凭证上注明“无款支付”字样。其余比照“全部或拒绝付款”处理。

任务导入

资料1：

1. 2020年8月3日，中国建设银行广州A支行收到其开户公司甲公司提交托收承付凭证，付款人为中国建设银行北京B支行的乙公司，验单付款，托收金额为60 000元。A支行审核无误，给予办理托收。

2. 2020年8月3日，中国建设银行北京B支行收到系统发来的托收信息，审核无误，当日向乙公司发出承付通知。

3. 2020年8月7日，承付期满次日，一直到银行营业终了时，乙公司账户存款余额不足，只能支付40 000元，中国建设银行北京B支行扣款完成后，通过行内系统发送资金汇划信息至广州A支行。

4. 2020年8月7日，中国建设银行广州A支行收到系统汇划信息。

要求：请对以上业务进行会计处理。

资料2：接上例，2020年8月21日，乙公司支付5 000元。

要求：计算延付赔偿金，并根据中国建设银行广州A支行、中国建设银行北京B支行的业务进行会计处理。

资料3：接上例，截止到2020年8月31日，乙公司未能支付剩余款项。

要求：计算赔偿金，并根据中国建设银行广州A支行、中国建设银行北京B支行的相关业务进行会计处理。

资料4：接上例，2020年9月11日，乙公司支付全部剩余款项。

要求：计算延付赔偿金，并根据中国建设银行广州A支行、中国建设银行北京B支行的业务进行会计处理。

资料5：接上例，假设2020年11月6日，3个月承付期满。乙公司没有支付任何款项。同年11月9日（7日、8日为周末），银行通知付款人将有关的交易单证在退回银行。乙公司直到11月26日才将单证退回。

提示 付款人开户银行对逾期未付的托收凭证，负责进行扣款的期限为3个月。期满时如付款人仍未付清款项，付款人仍无足够资金支付尚未付清的欠款，银行应要求付款人退回有关交易单据，并将应付的赔偿金划给收款人。对于付款人不退回单据的，银行于发出通知的第三天起，按照尚未付清欠款的金额，每天处以0.05%但不低于50元的罚款。付款人逾期不退回单证的，开户行按前述规定给予的罚款，作为银行的营业外收入处理。

要求：计算罚息并作出会计处理。

6 项目六 银行间资金清算及往来业务的核算

知识目标

1. 掌握银行系统内资金清算业务的有关要求及规定。
2. 掌握大额支付系统业务的有关要求及规定。
3. 掌握小额支付系统业务的有关要求及规定。
4. 掌握同城票据交换业务的有关要求及规定。
5. 掌握相关会计科目的设置及使用。

技能目标

1. 根据银行系统内资金清算业务处理要求，完成会计处理。
2. 根据大额支付系统业务处理要求，完成会计处理。
3. 根据小额支付系统业务处理要求，完成会计处理。
4. 根据同城票据业务处理要求，完成会计处理。

素养目标

1. 培养学生依法办事、坚守准则、保守秘密的职业修养。
2. 培养学生认真、细致、严谨的工作作风和敬业精神。
3. 培养学生诚实守信的职业道德和廉洁自律的会计品格。
4. 培养学生分工明确、职责明晰、协同高效的会计岗位意识。

模块一 系统内资金清算及往来业务的核算

相关知识

一、业务范围

同一银行系统内资金汇划清算系统，承担汇兑、银行本票、银行汇票、托收承付、委托收款、银行卡、支票、内部资金划拨、储蓄及通兑业务的资金清算，同时可以办理有关的查询、查复业务。

二、系统结构（见图6－1）

同一银行系统内办理结算和内部资金调拨所采用的是联行往来核算方法。各级经办行在清算分中心开立备付金账户，清算分中心在总行开立备付金账，利用先进的计算机网络系统，将发、收报行之间的横向资金往来转换成纵向的资金汇划，由上级行（清算分中心）逐级清算往来汇差资金。

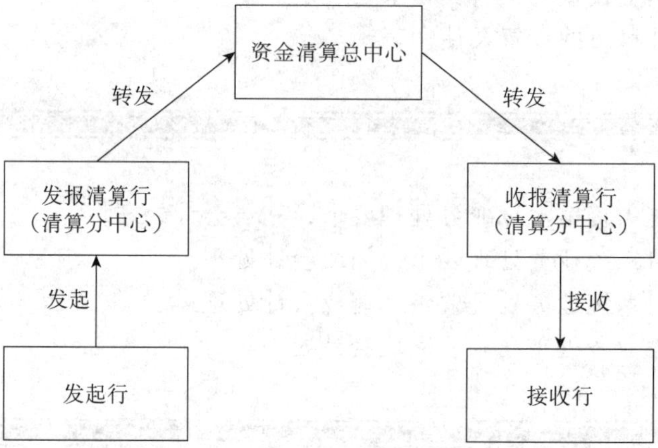

图6－1 系统内资金清算结构

支付清算业务的处理，从发起行发出信息起，经发起清算行、资金清算中心、接收清算行，至接收行止。

1. 发起行

向发起清算行提交支付业务的参与者。一个银行既可能是发起行，也可能是接受行。发起行在上级管辖分行清算中心开立备付金账户，用于经办行与清算行之间的资金清算。

2. 发起清算行

如果是本辖区业务，发起清算行同时承担清算分中心职责。

如果是跨辖区业务，发起清算行向总行清算中心提交支付信息。

发起清算行也可直接作为发起行向支付系统直接发起支付业务。

3. 资金清算中心

接收、转发支付信息，并进行资金清算处理的机构。

4. 接收清算行

向接收行转发支付信息并开设清算账户的直接参与者。

如果是本辖区业务，同时承担清算分中心职责。

如果是跨辖区业务，向总行清算中心提交支付信息。

接收清算行也可直接作为接收行接收支付信息。

提示

总行、支行各自设立清算中心，分别负责辖内经办行往来的清算和监督。

5. 接收行

从接收清算行接收支付信息的参与者。接收清算行也可能是发起行。

三、基本做法

7×24 小时运行，逐笔（批量）发起，实时传输，实时（定时）清算，逐级缴存。

（1）银行内部清算系统实行 7×24 小时不间断运行。

（2）清算系统按照“实时清算为主、批量清算为辅”的资金清算方式。

实时清算是指在每笔支付业务发生的同时，即在各级相关机构的清算账户实现资金的划转，实时的增加与扣减头寸。

批量清算是指在某一确定时点对一段时间内发生业务进行轧差的资金清算方式，主要包括通存通兑业务手续费、银联业务手续费等资金清算。

（3）逐级缴存。参加系统清算往来的银行，应在上级清算中心存放足够的清算准备金。

四、会计科目的设置和使用

1. 上存系统内款项

本科目核算和反映各个清算行存放在总行的备付金。为清算行使用。本科目属于资产类科目，余额反映在借方。

2. 系统内款项存放

本科目反映清算行在总行的清算备付金，由总行清算中心使用。本科目属于负债类科目，余额反映在贷方。

3. 上存辖内款项

本科目反映经办行在清算行的备付金，由经办行使用。本科目属于资产类科目，余额反映在借方。

4. 辖内款项存放

本科目反映经办行在清算行的备付金，由清算行使用。本科目属于负债类科目，余额反映在贷方。

5. 清算资金往来

本科目属于资产负债共同类科目，用于不同行之间待清算的资金往来。具体内容详见项目四模块一“支票业务的核算”。

业务核算

单元一 贷记业务的清算及核算

贷记业务，是指付款人通过其开户银行办理的贷记收款人账户的支付业务。主要包括汇兑、委托收款（划回）、托收承付（划回）等主动汇款业务。

一、发报行发起业务处理（见图6－2）

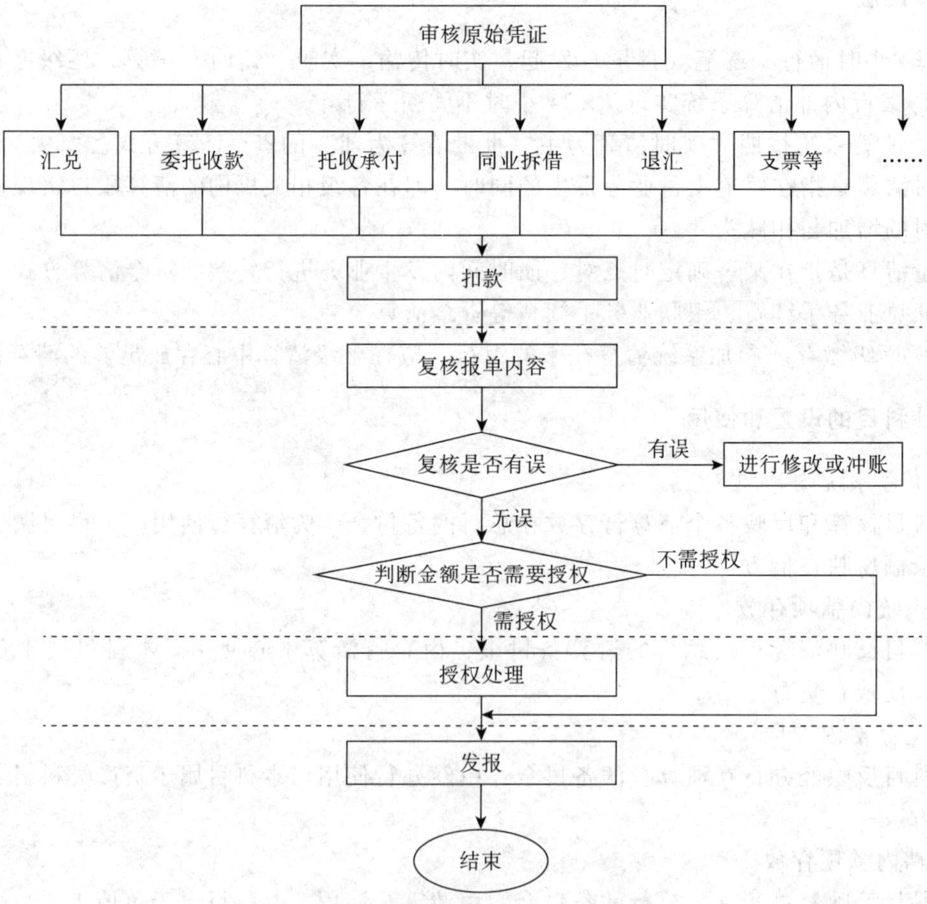

图6－2 发起行业务处理流程

1. 审核单证

具体参考项目四及项目五。

2. 扣款

对审查无误的，记账柜员扣划客户存款。会计分录如下：

借：吸收存款——××存款——××户

　　贷：上存辖内款项

　　　　手续费收入

3. 业务录入

扣款成功后，记账柜员将申请人提交的原始结算凭证上的要素转换为电子文件，形成报单。

具体做法：先根据汇入行查询对方行号，然后按照报文格式要求进行录入，输入业务种类、优先级别、收（付）款人账号、名称、开户行号、接收行号、汇款金额、汇款用途等。处理完毕，录入员盖章，交复核员。

提示　发起行发起支付业务，应根据发起人的要求确定支付业务的优先支付级次。优先级次按下列标准确定：

1. 发起人要求的救灾、战备款项为特急支付；
2. 发起人要求的紧急款项为紧急支付；
3. 其他支付为普通支付。

4. 复核、发报

复核员将录入的报单与原始结算凭证逐项复核。无误后确认，系统加编密押。复核之后，若金额在授权额度内，系统自动发报。若金额大于授权限额，则进入“待授权”状态。

提示　各家银行系统内业务，在传输过程中均使用统一配置的加密机具进行加密传输。系统自动进行各个环节的编核、押。

5. 授权、发报

对于已复核成功，但因金额超限未发出的往账报文，进行授权发报。系统要求对业务额达到一定数额（例如，10 万元）以上，须经各行会计主管授权才可以发送。

授权之后，复核员将有效汇划数据，加编密押发送至清算行。

二、发报清算行业务处理（清算分中心）

发报清算行业务处理流程，见图 6－3。

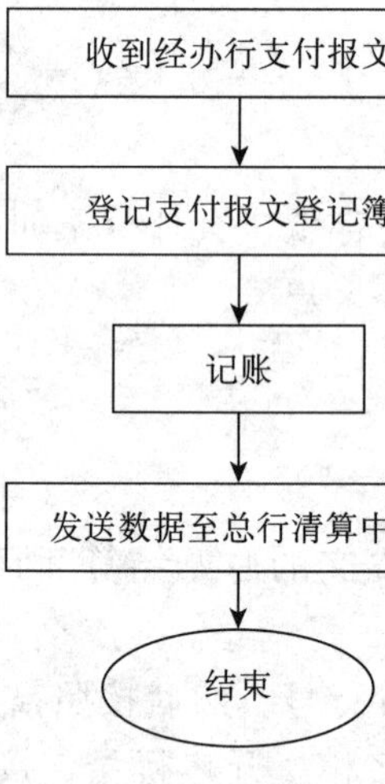

图 6-3　发报清算业务处理流程

1. 接受数据

发报清算行接受各经办行传输的数据。

2. 审核数据

系统自动对传输的数据进行完整、合规性审核。

3. 授权

批量业务金额在1亿元（含1亿元）以上的业务，须由清算行会计主管授权后处理。

4. 发送数据

经过审核及授权后，汇划数据加押，由系统发送至总行清算中心。

5. 会计处理

（1）不同辖区处理。

待收到总行清算中心“已清算”信息后，会计分录如下：

借：辖内款项存放——发起行

　　贷：上存系统内款项——上存总行备付金

发起清算行本身也可以作为发起行发起支付业务：

借：吸收存款——××存款——××户

　　贷：上存系统内款项——上存总行备付金

（2）同一辖区业务处理。

本辖区辖内业务，发报清算行同时承担清算分中心职能。

资金清算分中心审核无误，进行付款清算行备付金账户可用余额检查，实时全额清算：减少付款清算行可用余额，增加收款清算行可用余额。会计记录如下：

借：辖内款项存放——发起行

　　贷：辖内款项存放——接收行

清算完毕，资金清算分中心向发起行、接收行发送清算通知。

不足支付的，将业务作排队处理，并向付款行（发起行）发送已排队信息。

提示 银行内部支付系统，以清算行为单位逐级上存清算备付金，用于清算。经办行（清算行）原则上不得透支，但是由于清算业务涉及客户，所以如果因为清算资金不足，造成客户不能及时实现资金收付，社会影响巨大。因此，一旦经办行（清算行）在清算分中心（总行清算中心）存款不足，允许系统内透支，并收取利息。但是必须在透支发生后的第一个工作日归还资金。否则，计收罚金。

三、总行清算中心业务处理

1. 接受数据

总行清算中心接受各发报清算行上传的汇划业务信息。

2. 登记数据

系统自动流水登记。

3. 审核无误，发报清算行账户余额充足，会计处理如下：

借：系统内款项存放——发报清算行

　　贷：系统内款项存放——收报清算行

4. 发送数据

将已清算信息发送至发报清算行及收报清算行。

不足支付的，将业务作排队处理，并向付款清算行发送已排队信息。

四、收报清算行业务处理

1. 接受数据

收报清算行接受总行传输的数据。

2. 审核数据

计算机自动检测收报经办行是否为本行辖属行。

3. 会计处理

（1）不同辖区处理。

审核无误，收到总行清算中心“已清算”信息后，会计处理如下：

借：上存系统内款项——上存总行备付金

　　贷：辖内款项存放——接收行

（2）同一辖区业务清算。

参考发报清算行。

4. 发送数据

将清算信息发送至接收行。

五、接收行业务处理

1. 接收数据

经办接收上级清算行传输的汇划业务信息。

2. 审核数据

审核是否属于本行受理的业务。

3. 审核无误，进行会计处理

借：上存辖内款项

　　贷：吸收存款——××存款——××户

单元二　借记业务的清算及核算

借记业务，是指收款人通过其开户银行办理的借记付款人账户的支付业务，是收款人开户银行向付款人开户银行主动发起的收款业务。如支票、汇票委托收款业务。

借记业务处理分为两阶段，第一阶段为发起借记业务阶段，该阶段不进行轧差清算处理。

第二阶段为借记业务回执处理阶段。从业务理解角度来看，借记业务回执处理阶段的处理流程与贷记业务基本相同，两类业务均实现了从付款清算行向收款清算行的款项划拨，主要差别在于借记除需进行常规的系统检查外，还需与原借记业务进行匹配性检查。

一、发起借记业务

1. 收款经办行业务处理

根据客户提交的借记凭证或信息发起借记业务，发送信息至收报清算行。

2. 收报清算行业务处理

如果是辖内区业务，审核无误，予以处理。

3. 付款清算行业务处理

付款清算行，收到发来数据，确认为本行所属经办行业务，发送信息至付款经办行。如果本行就是付款经办行，审核无误，扣款处理。会计分录如下：

借：吸收存款——××存款——××户

　　贷：上存系统内款项

4. 付款经办行业务处理

收到业务信息，核对无误，执行扣款处理。会计分录如下：

借：吸收存款——××存款——××户

　　贷：上存辖内款项

账务处理完成后，发送信息回执至付款清算行。

二、借记业务回执处理

借记业务回执处理阶段的处理流程与贷记业务基本相同，因此，可以参考贷记业务处理过程。

任务导入

资料：

2020 年 6 月 5 日，中国银行广州 A 支行收到客户王某提交的电汇凭证，要求向中国银行哈尔滨 B 支行开户的孙某汇款 200 000 元，手续费为 35 元。选择即时到账处理。中国银行广州 A 支行审核无误后，通过行内系统办理业务。中国银行广州分行、中国银行总行，确认无误，检查经办行以及清算行账户余额充足，实时清算。并将支付信息实时发送至中国银行哈尔滨分行，哈尔滨分行审核无误，将支付信息发送至中国银行哈尔滨 B 支行。

要求：请对中国银行广州 A 支行、中国银行广州分行、中国银行总行、中国银行哈尔滨分行、中国银行哈尔滨 B 支行，开展账务处理。

模块二 依托大额支付系统办理业务的清算及核算

相关知识

一、大额支付系统总体框架（见图 6－4）

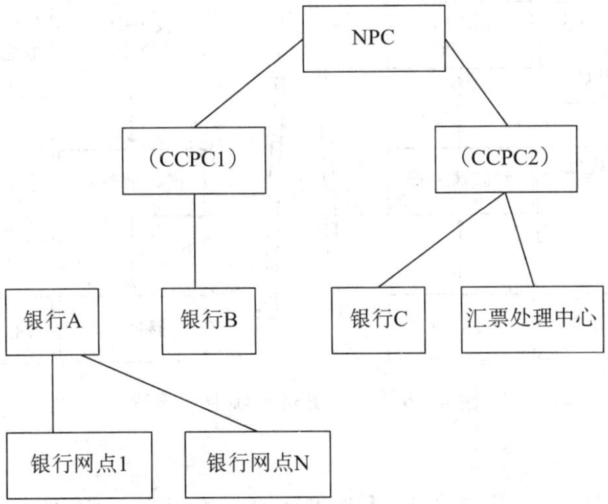

图 6－4　大额支付系统总体框架

二、业务范围

1. 一般贷记支付业务

支付系统目前可以处理同城跨行和异地商业银行之间的贷记业务。“大额支付系统”的“大额”是指规定金额起点以上的业务。目前“大额支付系统”规定的金额起点是 0 元，也就是说所有的贷记支付业务都可以通过大额支付系统处理。

2. 城市商业银行银行汇票业务

支付系统为支持中小金融机构结算和通汇而专门设计的，支持城市商业银行银行汇票资金的移存和兑付的资金清算业务。城市商业银行银行汇票业务处理系统与大额支付系统上海CCPC连接。

3. 特许参与者发起的即时转账业务

即时转账业务，是由特许参与者——第三方发起的业务。特许参与者主要包括：公开市场操作室、中央国债登记结算公司、中国银联、电子商业汇票运营部门等机构。

三、基本做法

1. 逐笔实时处理支付业务，全额清算资金

大额实时支付系统由发起行、发起清算行、发报中心、国家处理中心、收报中心、接收清算行、接收行构成。其信息传递从发起行发起，经发起清算行、发报中心、国家处理中心、收报中心、接收清算行，传至接收行止。

大额支付系统业务流程（见图6－5）。

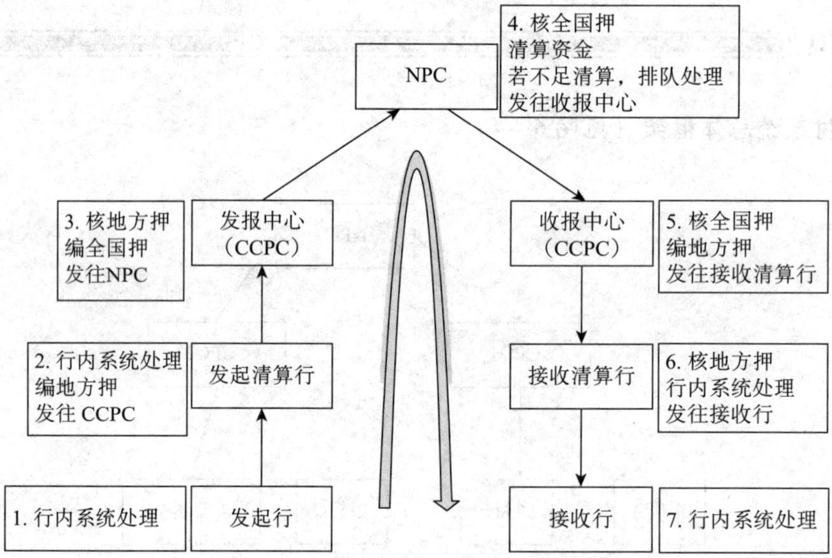

图6－5 大额支付系统业务流程

2. 运行时间

大额支付系统按照国家法定工作日【非工作日（如周六、周日、法定节假日），系统关闭】5×21小时运行。受理业务的开始时间为前一日23：30，业务截止时间（清算窗口开启时间）为每个法定工作日17：15，清算窗口时间为17：15至20：30。清算期间，不接受大额业务处理。

也就是说，系统将每一个工作日分为日间业务处理时间、清算窗口时间、营业准备时间。

（1）日间业务处理时间：前一天晚上23：30—第二天17：15，在此期间，客户通过大

额系统发起的汇兑业务可以实时到账。

（2）清算窗口时间（业务截止时间）：当天17：15—20：30，为清算时间，央行不接受大额业务处理。

通俗来说，清算窗口就是大额日终之后留给缺钱的银行筹措资金完成清算的时间。如果所有银行都完成清算了，那么清算窗口就关闭了。如果到了该关窗口的时间银行还没筹到钱，那就把这笔业务退回，关闭窗口。如果银行到了该关窗口的时间还没筹到钱，而这笔业务又是必须完成的，那么央行就给与大额罚息贷款，完成清算，关闭窗口。所以，清算窗口时间，央行不接受业务处理。

（3）营业准备时间：当天20：30—23：30，为营业准备时间，不接受业务处理。

四、会计科目的设置和使用

1. 存放中央银行款项

资产类科目。核算商业银行存放于中央银行的各种款项，包括业务资金的调拨、办理同城票据交换和异地跨系统资金汇划、提取或缴存现金等，可按存放款项的性质进行明细核算。

2. 手续费及佣金收入

参见项目二模块二“个人贷款业务”。

■ 业务核算

单元一　一般贷记支付业务的清算及核算

一、发起行业务处理

发起行收到发起人提交的支付信息，经确认无误并进行账务处理后，将支付信息发送至发起清算行。发起行的账务处理按各银行系统内往来的规定办理。会计分录如下：

借：吸收存款——××存款——××户

　　贷：上存辖内款项

　　　　手续费及佣金收入——大额支付系统手续费收入

二、发起清算行业务处理

（1）发起清算行对于收到的信息，在业务系统中，逐笔加编地方密押，逐笔发送贷记资金移存报文至CCPC。清算行必须实时、逐笔、全额将资金移存至CCPC。

（2）移存后，如收到“排队”信息，则记录“已排队”。

（3）如收到“已清算”信息，会计分录如下：

借：辖内款项存放——发起行

　　贷：存放中央银行款项——备付金存款

（4）若发起清算行本身是发起行，收到“已清算”信息，会计分录如下：

借：吸收存款——××存款——××户

　　贷：存放中央银行款项——备付金存款

三、发报中心（CCPC）的处理

发报中心收到发起清算行发来的支付信息，确认无误后，逐笔加编全国密押，实时发送国家处理中心。

四、国家处理中心（NPC）的处理

国家处理中心收到发报中心发来支付报文，确认无误后实时清算。清算完成之后，将清算信息转发收报中心。不足支付的，排队等待。

提示

1. 国家处理中心收到支付业务信息后，对清算账户头寸足以支付的，立即进行资金清算，并将支付信息发送接收清算行；不足支付的，可以根据中国人民银行的规定，向人民银行自动质押融资借款和日间透支，用以弥补清算资金的不足。

2. 国家处理中心，对清算账户中不足清算的支付业务，按以下队列排队等待清算：

（1）错账冲正；

（2）特急大额支付（救灾、战备款项）；

（3）弥补日间透支；

（4）日间透支利息和支付业务收费；

（5）同城票据交换等轧差净额清算；

（6）紧急大额支付；

（7）普通大额支付和即时转账支付。

清算者可以根据需要对紧急、特急、普通大额进行调整。

3. 对日间结束清算账户余额不足排队等待的业务处理，支付系统设置了“清算窗口”功能（目前大额支付系统实行5×21小时运行，清算窗口时间调整为周一至周五的17：15—20：30）。在此期间，清算账户头寸不足的直接参与者应按以下顺序及时筹措资金：

（1）向其上级机构申请调拨资金；

（2）从银行间同业拆借市场拆借资金；

（3）通过债券回购获得资金；

（4）通过票据转贴现或再贴现获得资金；

（5）向中国人民银行申请再贷款。

4. 在“清算窗口”规定的时间内，银行仍未筹足资金的，系统会自动退回相应的排队业务。其他必须当日清算的业务（如错账冲正业务），中国人民银行营业管理部根据该清算账户排队业务的资金需要量，向该清算账户行提供高额罚息贷款。

五、收报中心（CCPC）的处理

收报中心接收国家处理中心发来的支付信息，确认无误后，逐笔加编地方密押，实时发送接收清算行。

六、接收（清算）行的处理

审核无误，确认为本行业务，会计分录如下：

借：存放中央银行款项——备付金存款

　　贷：辖内款项存放——接收行

若接收清算行本身是接收行，会计分录如下：

借：存放中央银行款项——备付金存款

　　贷：吸收存款——××存款——××户

七、接收行处理

接收行收到信息，逐笔确认无误后，按各银行系统内往来的规定进行账务处理并通知接收人。会计分录如下：

借：上存辖内款项

　　贷：吸收存款——××存款——××户

任务导入

资料：

2020年5月15日，中国银行广州A支行（间接参与者）收到开户单位迅达公司提交的电汇凭证，要求向中国建设银行哈尔滨B支行（间接参与者）开户单位胜利公司汇出汇款1 500 000元。中国银行广州A支行审核无误后，将支付信息经行内系统发送其所属的中国银行广州分行（直接参与者），收取客户手续费200元。中国银行广州分行收到信息后，通过大额支付系统汇出发送信息至CCPC，再至NPC，NPC审核通过，确认无误后实时清算。清算完成之后，发送信息至中国建设银行哈尔滨分行。哈尔滨B支行收到中国建设银行哈尔滨分行（直接参与者）通过行内系统发来的支付信息，确认无误后，款项打入胜利公司账户。

要求：请对中国银行广州A支行、中国银行广州分行、中国建设银行哈尔滨分行、中国建设银行哈尔滨B支行的业务，开展账务处理。

单元二 城市商业银行银行汇票业务的清算及核算

一、签发行业务处理

1. 审核单证

具体见项目四模块三“银行汇票业务”。

2. 业务录入、复核及加盖汇票专用章

具体见项目四模块三“银行汇票业务”。

3. 扣款

具体见项目四模块三“银行汇票业务”。

4. 移存汇票资金

签发处理完成后，复核人员在业务系统中发送汇票资金移存报文，逐笔加编地方密押发送发报中心。资金移存后，系统会自动将资金状态转为“资金移存”。签发行必须实时、逐笔、全额、逐级将汇票资金移存至CCPC。银行汇票资金移存流程图，见图6－6。

会计分录如下：

借：开出汇票——移存户

　　贷：存放央行款项——备付金存款

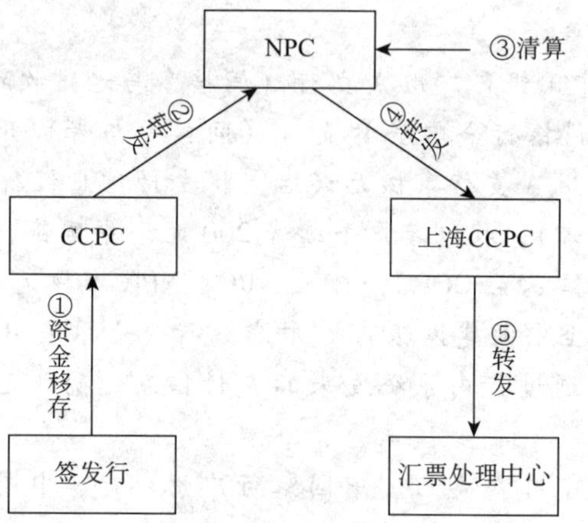

图6－6 银行汇票资金移存流程图

5. 客户领票

业务人员查询该笔汇票状态为“已清算”后，意味着银行汇票签发成功。将银行汇票凭证交付申请人。卡片联、多余款收账通知联加盖个人名章后，一并交专人专夹保管（按签发日期先后顺序排列保管）。

提示

不得重复发送资金移存报文。必须办一笔移存一笔，不得集中办理签发、集中办理移存，录入人员不得和移存发送的操作员为同一人。当日移存未成功的汇票信息应存放在“待发送报文库”做应付款处理，不能够做抹账处理，次日可再进行发送。

6. 表外登记

付：重要空白凭证——银行汇票

7. 汇票登记

签发行在“汇票签发登记簿”，逐笔登记汇票处理的全过程，包括汇票签发、移存、核销和挂失等信息。

二、发报中心（CCPC）业务处理

发报中心收到银行汇票资金移存报文，检查发起行业务种类权限，确认无误，逐笔加编全国密押，实时发送国家处理中心。

三、国家处理中心（NPC）业务处理

国家处理中心收到发报中心发来的清算银行汇票资金报文，通过支付系统将资金移存至汇票处理中心特许户，移存完成后，将报文经收报中心（上海 CCPC），转发汇票处理中心。

提示

城市商业银行银行汇票处理中心，简称汇票处理中心。与大额支付系统上海 CCPC 的连接，实现城市商业银行签发和兑付银行汇票的信息传输和资金清算功能。

汇票处理中心在人民银行开立特许账户，接收和处理银行汇票的签发、兑付登记信息、接收银行汇票资金移存和发起银行汇票兑付资金清算，办理银行汇票的查询查复。

汇票处理系统的会员行（各个城市商业银行）通过大额支付系统与汇票处理中心相连，发送和接收银行汇票业务信息。

四、银行汇票资金兑付处理

1. 接收行（代理兑付行）兑付处理

（1）审核单证。具体见项目四模块三“银行汇票业务”。

（2）兑付录入。具体见项目四模块三“银行汇票业务”。

（3）发出清算请求。代理兑付行收到客户提交的银行汇票兑付申请，暂不作账务处理。实时、逐笔地生成申请清算银行汇票兑付报文，发送发报中心，经国家处理中心、上海城市处理中心后，转发汇票处理中心。

（4）收到 CCPC 返回的资金清算信息。兑付清算信息返回图示，见图 6－7。

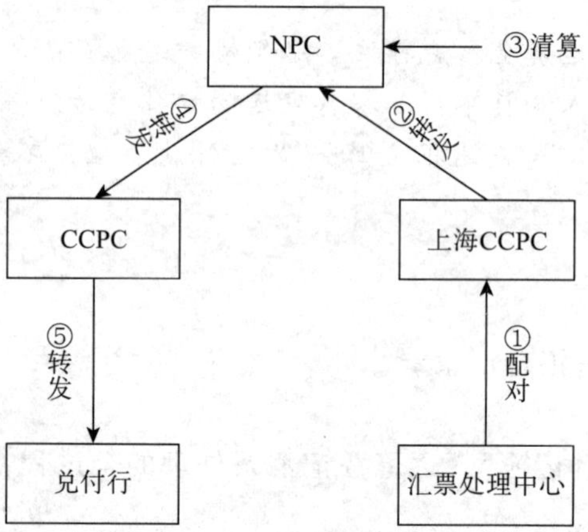

图 6-7 兑付清算信息返回图示

①收到配对相符信息

兑付资金申请报文发出后，兑付行系统在一分钟后可收到城市处理中心发来配对成功消息以及清算信息。会计分录如下：

(a) 持票人为本行单位客户：

借：存放央行款项——备付金存款

　　贷：吸收存款——××存款——××户

(b) 持票人为个人未开立账户：

借：存放央行款项

　　贷：应解汇款

借：应解汇款

　　贷：库存现金

②收到配对不符或者密押不符信息，暂不入账。

2. 汇票处理中心处理

根据发报中心发来的清算银行汇票资金报文和兑付行的银行汇票兑付通知报文，核验汇票密押，分情况进行处理：

①密押相符，自动进行配对，若配对相符，进行资金划拨清算，并实时通过大额支付系统分别汇划兑付资金和多余款项至兑付行和签发行。如配对不符，唤醒人工界面，经查询，属重复兑付或超过汇票有效期，向代理兑付行发出拒绝兑付通知。属汇票资金未移存，汇票处理中心应向代理兑付行办理资金划拨。

②密押不符的，向代理兑付行发出拒绝兑付通知。

五、签发行收到部分退回资金处理

签发行收到所在地的城市处理中心转发的汇票多余款退回报文，针对不同情况，分别处理。

1. 转账交付办理汇票处理

借：存放中央银行款项——备付金存款

贷：吸收存款——××存款——原申请人户

2. 现金交付办理汇票处理

多余款退回通过“应解汇款”过渡，并通知申请人持委托书存根及本人身份证件来行、办理领取手续。

借：存放中央银行款项——备付金存款

贷：应解汇款——原申请人户

待申请人来行取款，会计分录如下：

借：应解汇款——原申请人户

贷：库存现金或吸收存款等科目

六、逾期汇票处理

超过提示付款期满1个月的逾期未清算汇票（以下简称逾期汇票），由资金清算中心于该汇票提示付款期满一个月后的下一营业日，通过大额支付系统发送汇票未用退回资金报文至原签发行。

1. 签发行收到汇票未用退回资金报文，会计分录如下：

借：存放中央银行款项——备付金存款

贷：开出汇票——逾期退回户

签发行同时办理汇票核销手续。

2. 签发行对逾期汇票退款

具体见项目四模块三“银行汇票业务”。

七、未用退回处理

申请人由于汇票超过提示付款期限或其他原因要求退款时，应交回汇票和解讫通知联至签发行，签发行应按照《支付结算办法》有关规定审核，汇票移存资金已由资金清算中心退回至“逾期退回户”的，按照逾期汇票的付款处理。如果资金清算中心尚未退回该笔汇票资金的，应电话与资金清算中心联系，发送自由格式报文，说明原因，要求资金清算中心提前退回该笔汇票的移存资金。签发行收到资金清算中心退回的该笔汇票移存资金，按照部分退回资金的有关规定处理。签发行同时办理汇票核销手续。

八、汇票核销处理

具体见项目四模块三“银行汇票业务”。

任务导入

资料：

2020年8月6日，广发银行广州A支行收到开户单位兴华机械厂财务人员张三提交的汇票申请书，汇款用途为购货款，收款人为西安市的金路公司。银行经审核无误，签发金额为400 000元的银行汇票。签发处理完成后，复核人员在业务系统中发送汇票资金移存报文，逐笔加编地方密押发送发报中心。在查询该笔汇票状态为“已清算”后，将银行汇票凭证交付申请人。

2020 年 8 月 11 日，兴华机械厂财务人员将汇票交给金路公司，实际结算金额320 000元。

2020 年 8 月 15 日，金路公司持汇票到其开户行，西安银行西安 B 支行申请付款。该行审核无误，通过大额支付系统发送兑付请求，收到汇票处理中心逐级转发的配对成功及清算信息后，予以付款。

2020 年 8 月 15 日，汇票处理中心将汇票多余资金划回报文，逐级转发至签发行。

要求：

请对广发银行广州 A 支行、西安银行西安 B 支行的相关业务进行账务处理。

单元三　即时转账业务的清算及核算

即时转账业务清算流程图，见图 6－8。

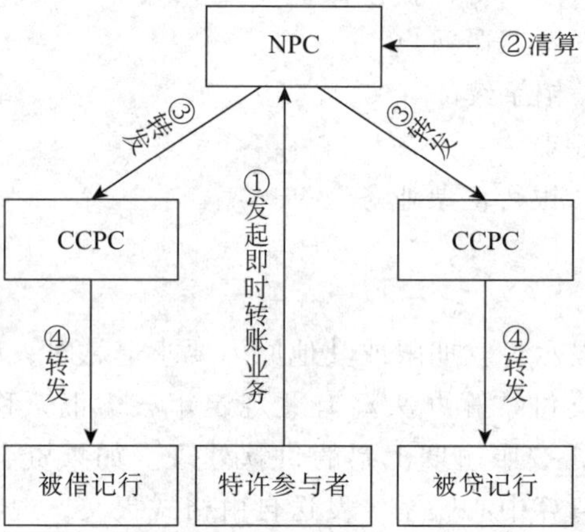

图 6－8　即时转账业务清算流程图

1. 特许参与者发起即时转账。

2. 通过在 NPC 的备付金清算账户进行操作，实时完成跨行清算资金的转移。

3. NPC 将支付信息转发被借记行所在地的 CCPC 以及被贷记行所在地的 CCPC。

4. 银行行内处理。

（1）被借记行收到本地 CCPC 转发的支付信息，进行行内账务处理。请参考“一般贷记支付业务发起清算行及发起行业务处理”。

（2）被贷记行收到本地 CCPC 转发的支付信息，进行行内账务处理。请参考“一般贷记支付业务接收清算行及接收行业务处理”。

任务导入

资料：

持卡人王某于2020年8月4日持中国建设银行借记卡，在浦发银行布放的缴费POS终端上，成功缴付一笔500元的电费（实际是缴给电力公司），浦发银行收单。

要求：

请对中国建设银行、浦发银行的业务进行处理。

模块三 依托小额支付系统办理业务的清算及核算

相关知识

一、业务范围

1. 普通贷记业务

普通贷记业务是指付款行向收款行主动发起的付款业务。包括下列业务种类：

（1）汇兑；

（2）委托收款（划回）；

（3）托收承付（划回）；

（4）网银贷记支付业务；

（5）中国人民银行规定的其他普通贷记支付业务。

2. 定期贷记业务

定期贷记业务是指付款行依据当事各方事先签订的协议，定期向指定收款行发起的批量付款业务。包括下列业务种类：

（1）代付工资业务；

（2）代付保险金、养老金业务；

（3）中国人民银行规定的其他定期贷记支付业务。

3. 实时贷记业务

实时贷记业务是指付款行接受付款人委托发起的、将确定款项实时贷记指定收款人账户的业务。包括下列业务种类：

（1）个人储蓄通存业务；

（2）中国人民银行规定的其他实时贷记支付业务。

4. 普通借记业务

普通借记业务是指收款行向付款行主动发起的收款业务。包括下列业务种类：

（1）中国人民银行机构间的借记业务；

（2）国库借记汇划业务；

（3）中国人民银行规定的其他普通借记支付业务。

5. 定期借记业务

定期借记业务是指收款行依据当事各方事先签订的协议，定期向指定付款行发起的批量收款业务。包括下列业务种类：

（1）代收水、电、煤气等公用事业费业务；

（2）中国人民银行规定的其他定期借记支付业务。

6. 实时借记业务

实时借记业务是指收款行接受收款人委托发起的、将确定款项实时借记指定付款人账户的业务。包括下列业务种类：

（1）个人储蓄通兑业务；

（2）对公通兑业务；

（3）中国人民银行规定的其他实时借记支付业务。

7. 中国人民银行规定的其他支付业务

二、基本做法

小额系统的基本业务处理流程是“7×24 小时连续运行，逐笔发起，组包发送，实时传输，双边轧差，定时清算”。

1. 7×24 小时连续运行

小额系统实行 7×24 小时连续运行，系统每一个工作日运行时间为前一自然日 16：00 至本自然日 16：00。

2. 逐笔发起

发起行逐笔发起小额业务，组包后经 CCPC 或 NPC 实时传输至接收行。

3. 组包发送

各银行行内系统按收款清算行分别组包后发送前置机。前置机在对包的笔数和金额总分核对无误后，加编地方押后实时发送至 CCPC。

4. 双边轧差，定时清算

同城业务在 CCPC、异地业务在 NPC 逐包按收款清算行和付款清算行双边轧差，并在规定时点清算。CCPC、NPC 每日 16：00 小额系统日切后进行当日最后一场轧差清算，日切后的业务则纳入次日第一场轧差清算处理。

如遇节假日，小额系统仍可继续轧差和转发业务，但所有轧差净额暂不进行资金清算，统一在节假日后的第一个法定工作日进行清算。

三、业务流程（见图6－9）

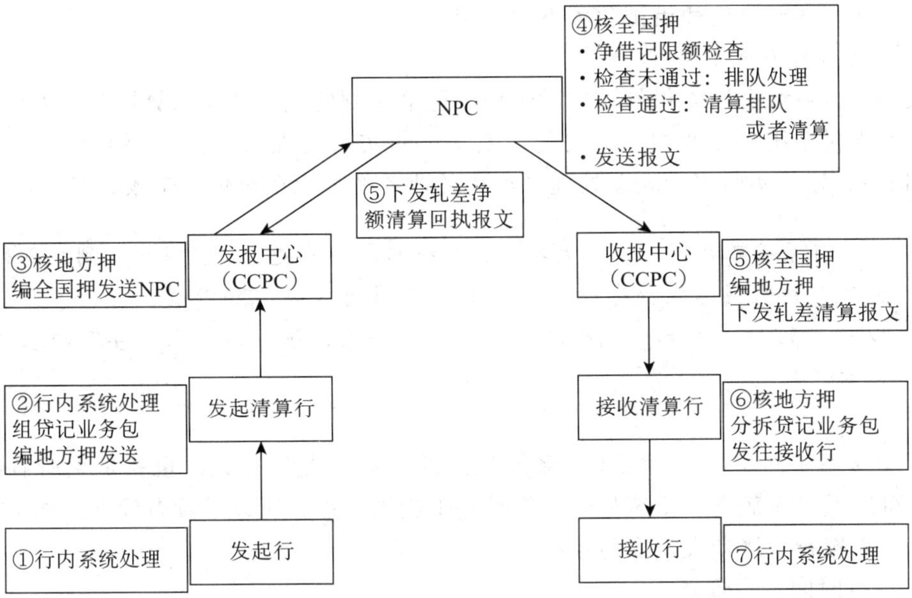

图6－9　小额支付业务流程

四、相关会计科目

1. 待清算支付款项

小额支付系统采取“实时双边轧差定时清算”的资金清算模式。小额支付系统收到业务包后并不直接借记付款清算行的清算账户，也不直接贷记收款清算行的清算账户，而是在检查付款清算行的可用余额后，将业务包转发给收款清算行。待每一个清算时点，按直接参与者（即清算银行）计算上一清算时点至本清算时点的轧差净额，并进行资金清算。

由于小额支付系统业务转发在前、资金清算在后，因此，清算行进行账务处理时引入“待清算支付款项”科目，专门用于核算小额支付系统业务办理过程中等待资金清算的金额。

2. 上存辖内款项

参考项目六模块一“系统内资金清算业务”。

五、大小额支付系统的联系与区别

1. 联系

小额支付系统与大额支付系统在同一支付平台上运行，以国家处理中心（NPC）为核心，以城市处理中心（CCPC）为接入节点。商业银行通过前置机系统，与支付系统CCPC连接。

2. 区别

（1）业务范围不一致。

①大额支付系统只处理贷记支付业务，没有金额起点限制。

②小额支付系统可以处理贷记及借记业务。小额支付系统设置金额上限，单笔金额上限贷记 100 万元；实时贷记和借记业务不设限制。

（2）业务处理方式不同。

①大额支付系统采用支付指令实时传输，逐笔实时处理，全额清算资金的处理方式。

②小额支付系统，需要组包，组包后发送，非实时处理（一般需要几分钟甚至半个小时才能到账），逐包实时进行轧差处理（产生的业务都是记在暂付、暂收，然后再结算）。

提示　在系统正常情况下，大额支付系统的每一笔支付业务从发起到接收行的时间为实时到达（可能会有秒级的延时）。但由于大额系统有营业时间段的限制。所以当日 17：15 之后。到账就会相对晚了一些，基于这一点，办理转账时需要向客户说明。

（3）手续费不同。虽然大额支付系统规定的金额起点是 0 元，也就是说所有的贷记支付业务都可以通过大额支付系统处理，但是基于逐笔发送，所以手续费较高。如果是紧急汇款，可以要求银行直接走大额支付系统。

（4）运行时间不一致。

①大额支付系统按照国家法定工作日 5 天 ×21 小时运行。受理业务的时间为前一日 23：30,业务截止时间（清算窗口开启时间）为每个法定工作日 17：15，清算窗口时间为 17：15 至 20：30。清算期间，不接受大额业务处理。

也就是说，在非工作日（如周六、周日、法定节假日）期间和非营业时间（当天 20：30—23：30），大额支付系统是不开通的。

②小额支付系统实行“7 天 ×24 小时”连续不间断运行。每日 16：00 进行日切处理，小额支付系统日切后仍可正常接受小额业务部分小额业务，但是不再纳入当日清算，自动纳入次日第一场轧差清算（遇节假日顺延至节假日后的第一个工作日）。

案例分析

2020 年 1 月 24 日，我国人民银行发布消息称，为支持全社会共同抗击“新型冠状病毒感染的肺炎”，确保各类资金汇划畅通，中国人民银行清算总中心于 2020 年 1 月 24 日至 1 月 30 日将小额批量支付系统贷记业务单笔金额上限临时调整为 5 亿元。

请分析，中国人民银行此次调整的原因。

▣ 业务核算

单元一　普通贷记业务的清算及核算

一、付款发起行业务处理

发起行收到发起人提交支付信息，经确认无误并进行账务处理后，将支付信息发送至发起清算行。发起行的账务处理除按各银行系统内往来的规定办理之外，还要审核复核是否超过小额贷记业务上线金额。会计分录如下：

借：吸收存款——××存款——××户

　　贷：上存辖内款项

二、付款清算行业务处理

1. 组包发送至 CCPC

付款清算行收到业务信息后，行内系统按收款清算行分别组包后发送前置机。前置机收到业务包后，对包的格式、业务权限、每笔业务的金额上限等进行检查，并对包的笔数和金额总分核对无误后加编地方押发送至 CCPC。

提示

小额支付系统批量包构成

包头：记载整包业务的汇总信息，包括批量包包号、付款清算行、收款清算行、业务总笔数、业务总金额等，是小额支付系统轧差清算和转发业务包的依据。

包体：包含具体的明细业务数据，是小额支付系统参与者进行账务处理的依据。

2. 收到“已排队”通知

修改相应包的业务状态为“已排队”。

3. 收到“已轧差”通知

（1）收到“已轧差”通知后，会计分录如下：

借：辖内款项存放

　　贷：待清算支付款项

（2）若付款清算行本身就是发起行，则对自身发起普通贷记业务账务处理，收到“已轧差”通知后，会计分录如下：

借：吸收存款——××存款——××户

　　贷：待清算支付款项

4. 收到已清算通知

会计分录如下：

借：待清算支付款项

贷：存放中央银行款项——备付金存款

5. 若收到拒绝通知（如核押发现错误，拒绝处理），则冲账处理：

借：辖内款项存放（红字）

贷：待清算支付款项——小额支付系统待清算支付款项（红字）

提示

央行普通小额贷记业务处理流程

1. 净借记限额检查

净借记限额是小额系统为开立清算账户的直接参与者设定的、对其发生支付业务的净借记差额进行控制的最高额度。小额支付系统 CCPC（或者 NPC）对同城支付业务（或异地支付业务）进行轧差时，对付款清算行进行该项检查，若超出限额，则作业务排队处理。

付款清算行 NPC 净借记限额可用额度 = 付款清算行 NPC 净借记限额 - 付款清算行 NPC 已提交未清算异地业务净借记差额 - 付款清算行 NPC 本场轧差场次的当前净借记差额 + 付款清算行 NPC 本场轧差场次的当前净贷记差额

付款清算行 CCPC 净借记限额可用额度 = 付款清算行 CCPC 净借记限额 - 付款清算行 CCPC 已提交未清算同城业务净借记差额 - 付款清算行 CCPC 本场轧差场次的当前净借记差额 + 付款清算行 CCPC 本场轧差送交的当前净贷记差额

2. 排队处理

当某笔小额同城支付业务未通过付款清算行净借记限额检查时，则该笔业务在 CCPC（或者 NPC）作为该付款清算行的排队队列。所有排队业务按金额大小进行排序，小金额业务排列在前，同等金额的按时间先后顺序排列。当该行收到新的小额贷记来账时，系统将触发排队解救。

3. 双边轧差

对通过付款清算行净借记限额检查的小额同城支付业务，小额支付系统 CCPC（或者 NPC）同时调整收/付款清算行的轧差净额，并向付款清算行返回已轧差信息，付款清算行修改相应包的业务状态为“已轧差”。

4. 轧差清算

CCPC（或者 NPC）在设置的清算时点，汇总辖内所有清算行当场业务轧差净额，立即进行相关资金清算。如为净贷记差额，则立即增加清算账户余额；如为借记差额，则清算账户足额时，立即扣减清算账户余额，不足额时，则进入清算账户排队队列等待清算。完成资金清算处理后，根生成清算通知告知各清算行，各清算行据此修改业务状态为已清算，并据此进行行内账务处理。

5. 拒绝通知

如为合法性检查错误，央行拒绝处理，并转拒绝通知至清算行。

三、CCPC 和 NPC 的处理

（1）付款清算行所在地的 CCPC 收到业务包，检查核押，加编全国密押后转发国家处理中心。

（2）NPC 收到业务包后，对检查核押无误的业务包，进行净借记限额检查。将检查通过的纳入轧差处理并对业务包标记“已轧差”状态，转发收款清算行的 CCPC，同时向付款清算行的 CCPC 返回已轧差信息；检查未通过的，将业务包作排队处理并向付款清算行的 CCPC 返回已排队信息。

提示　CCPC 和 NPC 和不拆包和重新组包，因此，小额系统中的批量包可以视为大额系统中的单笔大额业务。

（3）收款清算行收到 NPC 发来的业务包，核验全国密押无误后，加编地方密押转发收款清算行。

四、收款（清算）行的处理

1. 收到“已轧差”通知

（1）收款清算行收到发来的贷记业务包，逐包确认并核押无误后，发送至收款行。会计分录如下：

借：待清算支付款项

　　贷：辖内款项存放——收款行

（2）若收款清算行本身就是收款行，会计分录如下：

借：待清算支付款项

　　贷：吸收存款——××存款——××户

2. 收款清算行收到已清算通知

会计分录如下：

借：存放中央银行款项——备付金存款

　　贷：待清算支付款项

3. 若收到拒绝通知

冲账处理，会计分录如下：

借：待清算支付款项（红字）

　　贷：辖内款项存放（红字）

五、收款行的处理

收款行收到“已轧差”通知，即可先行为客户入账，会计分录如下：

借：上存辖内款项

　　贷：吸收存款——××存款——××户

单元二　定期贷记业务的清算及核算

付款行依据当事各方事先签订的合同（协议），定期向指定的收款人开户银行发起的批量付款业务，如代付工资、养老金、保险金。付款行办理定期业务时，受理企事业单位以联机方式提交业务数据，依据合同审核无误后作相应账务处理。业务处理手续比照普通贷记业务办理。

单元三　实时贷记业务的清算及核算

一、概念

实时贷记业务是付款人发起的实时贷记收款人账户的业务。它包括个人储蓄通存业务、国库实时缴税等支付业务。实时贷记业务由付款清算行发起。

二、业务特点

（1）实时业务单笔打包，实时发送。

（2）实时贷记业务在处理时效上具有实时性要求，即同城实时贷记业务要求在10秒内收到处理回执，异地实时贷记业务不超过20秒。

（3）小额系统接收付款清算行提交的贷记业务指令后，首先转发至收款清算行进行行内处理，待收到收款清算行返回的回执后，再对收付款清算行进行双边轧差处理。

（4）未通过净借记限额检查的实时贷记回执不进入排队队列，轧差节点（CCPC或NPC）立即拒绝实时贷记回执包，并通知付款清算行和收款清算行。因此，原发报CCPC（异地业务）和付款清算行收到的各类通知中无已排队通知。

三、业务处理手续

（1）付款发起行业务处理。

参考“普通贷记”业务。

（2）付款清算行，单笔打包“实时贷记包”至CCPC。

（3）收款清算行，分拆实时贷记包，经过检查审核，标明检查结果，返回“实时贷记回执包”。

> **提示**
>
> 实时贷记业务，以收款行返回回执作为轧差依据。

（4）小额支付系统根据实时贷记包回执轧差清算。

（5）付款清算行收到已轧差、已清算、已拒绝通知，开展业务处理。请参考“普通贷记业务”。

（6）付款清算行收到已轧差、已清算通知，开展业务处理。请参考“普通贷记业务”。

任务导入

资料1：

2020年6月15日，中国银行广州A支行（间接参与者）收到开户单位迅达公司提交的电汇凭证，要求向中国建设银行哈尔滨B支行（间接参与者）开户单位胜利公司汇出汇款10万元。中国银行广州A支行审核无误办理转账后，将支付信息经行内系统发送其所属的中国银行广州分行（直接参与者）。中国银行广州分行，按照收款清算行进行组包，通过小额支付系统向中国建设银行哈尔滨B支行汇出资金共1 000万元（总计20笔，中国银行广州分净借记限额为800万元）。

中国银行广州分行，当日第一场轧差清算开始时，轧差净额为零。

要求：请回答，中国银行广州A支行、中国银行广州分行应该如何处理该笔业务？

资料2：

接上例，接着中国银行广州分行收到光大银行杭州支行发来的普通小额贷记300万元（总计10笔，收款行为广州A支行）。NPC对两笔业务进行双边轧差清算，并将轧差信息发送至中国银行广州分行及中国建设银行哈尔滨分行。假设，中国银行广州分行在央行备付金账户有余额400万元。

中国建设银行哈尔滨分行，收到业务包，经确认无误，行内系统拆包，发送信息至中国建设银行哈尔滨B支行。B支行收到行内系统发来的支付信息，确认无误后，将款项打入胜利公司账户。中国银行广州支行及中国建设银行哈尔滨支行，均收到了小额支付系统发来的“已轧差”通知。

要求：

请回答中国银行广州分行、中国银行广州A支行、中国建设银行哈尔滨分行、中国建设银行哈尔滨B支行应该如何处理？

资料3：

接上例，之后中国银行广州分行收到光大银行北京支行发来的普通小额贷记600万元（总计7笔，收款行为广州A支行）。NPC对三笔业务进行双边轧差清算后。逐级转发“已清算”信息至中国银行广州分行及中国建设银行哈尔滨分行。

要求：请对中国银行广州A支行、中国银行广州分行、中国建设银行哈尔滨分行、中国建设银行哈尔滨B支行的业务，开展会计处理。

单元四　普通借记业务的清算及核算

普通借记业务处理分为两阶段，第一阶段为发起借记业务阶段，该阶段不进行轧差清算处理；第二阶段为借记业务回执处理阶段。从业务理解角度来看，借记业务回执处理阶段的处理流程与贷记业务基本相同，两类业务均实现了从付款清算行向收款清算行的款项划拨，均需在轧差节点对付款清算行进行净借记限额检查。主要差别在于借记回执包除需进行常规的系统检查外，还需与原借记业务进行匹配性检查。

一、发起借记业务

1. 收款经办行业务处理

根据客户提交的普通借记凭证或信息，发起借记业务，发送信息至收款清算行。

2. 收款清算行业务处理

根据收到普通借记信息，逐包登记借记业务，并加编地方押后发送 CCPC。

3. CCPC 和 NPC 的处理

（1）CCPC 收到收款清算行发来的业务包后，进行合法性检查并核验地方押。核验无误后，对同城业务转发付款清算行，对异地业务加编全国押后发送 NPC。

（2）NPC 的处理。NPC 收到 CCPC 发来的业务包，进行合法性检查并核验全国押。核验无误后，转发付款清算行 CCPC。

（3）CCPC 的处理。CCPC 收到 NPC 发来的支付业务，核验全国押。核验无误后，加编地方押后转发付款清算行。

4. 付款清算行业务处理

付款清算行行内业务处理系统，收到发来的业务包，逐包确认并核验地方押。核验无误后进行拆包，发送信息至付款经办行。

5. 付款经办行业务处理

收到业务信息，核对无误，执行扣款处理。会计分录如下：

借：吸收存款——活期存款——××户

　　贷：上存辖内款项

账务处理完成后，发送信息至付款清算行。

二、借记业务回执处理

借记业务回执处理阶段的处理流程与贷记业务基本相同，因此，可以参考贷记业务处理过程。

单元五　定期借记业务的清算及核算

办理定期借记业务前，付款清算行、付款人、收费单位需要签订办理代扣某类费用的三方合同协议（例如，代收水电费等）。定期借记业务分为发起业务阶段和处理借记回执阶段。在发起业务阶段，收款清算行接收收费单位以联机方式提交的业务数据，检查误后按同一付款清算行、同一收款人、同一业务种类、同一借记回执信息最长返回时间组包。收款清算行、付款清算行的其他业务处理手续比照“普通借记业务”处理。

单元六　实时借记业务的清算及核算

（1）实时借记业务是收款人发起的实时借记付款人账户的业务，主要包括个人储蓄通兑业务、国库部门实时扣税业务等支付业务。

（2）实时借记业务包括两个阶段：发起实时业务阶段和处理业务回执阶段。首先，由收款清算行发起，经由轧差节点（CCPC 或 NPC）转发至付款清算行。其次，付款清算行完成行内处理后，实时返回处理回执，轧差节点根据处理回执进行轧差清算。

（3）其业务特点与“实时贷记”业务一致：逐笔发送、实时转发、即时回应、定时清算、具有很强的实时性要求。

（4）业务处理手续比照“普通借记业务”处理。

模块四 依托同城票据交换系统办理业务的清算及核算

相关知识

一、业务内涵

同城票据交换是指同一城市（或区域）范围内，各商业银行之间将相互代收、代付的票据，定时、定点集中相互交换并清算资金存欠的方法。

同城票据交换与行内汇划、大额实时、小额批量并列为资金汇划的四种渠道。同城票据交换由人民银行集中监督并清算资金。每一个场次的票据交换与清算结束后，“同城票据清算”轧计平衡，账户无余额。

二、业务范围

同城票据交换的业务范围包括：支票、银行本票、信汇、进账单、托收凭证、税单等。同城票据业务范围，见图 6－10。

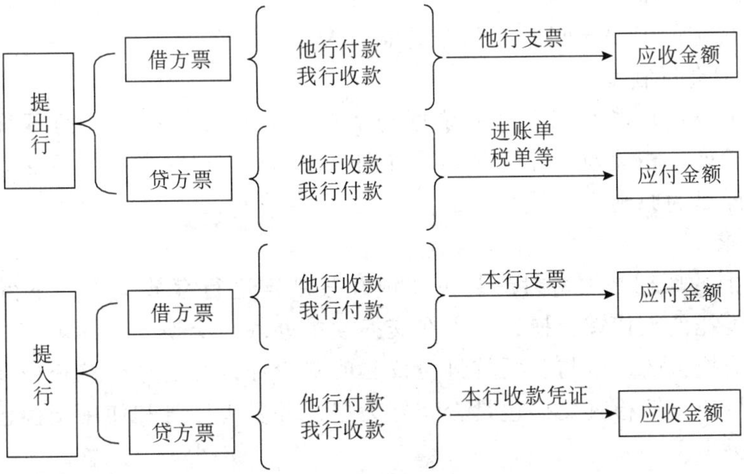

图 6－10　同城票据业务范围

三、参加票据交换的基本要求

1. 向中国人民银行申请核定交换号码

参加票据交换的商业银行营业机构，应向当地中国人民银行申请交换号，由中国人民银行审查同意后，核发交换号，并通知本城所有参加交换的商业银行。交换号是参加票据交换的营业机构的代号，在参加交换的各类票据上，必须印有交换号，方能进行清分识别。

2. 配备专职交换员

办理同城票据交换，实行经办员、复核员、票据交换员（清算处理岗）三分离，相互制约，不得兼岗、混岗。票据交换员不得兼管客户账户、系统内往来账户、同业往来账户、其他应付款等过渡账户的账务处理与对账；不得兼管业务专用章和重要空白凭证。

3. 了解交换场次和时间

一般城市，当地中国人民银行通常每天组织两次票据交换，各商业银行必须严格按照中国人民银行统一规定的交换场次和时间参加交换。

4. 开立清算账户

参加票据交换的商业银行各营业机构，可以分别直接在当地中央银行开户，每次交换终了，将交换差额（轧差净额）在其存款户内直接清算；也可以由该商业银行集中在中央银行开立一个清算账户，每次交换终了，首先以该商业银行为单位与其他商业银行通过中央银行开立的清算账户进行清算，其次该商业银行内部的各营业机构再在系统内通过辖内往来业务进行系统内二次清算。

5. 坚持“及时处理、差额清算；先借后贷、收妥抵用；银行不予垫款”的原则

例如，收、付款银行之间受理支票，在提交开户行以后要等银行通过内部账务处理（或票据清算）将款项从出票人账户付出，并收入持票人账户后才能抵用。

6. 退票规定

（1）每日只进行一场交换清算的，隔日必须退票隔日未退票的，提出行于隔日清算完毕后（即提出票据后第二天清算完毕后）入账。

（2）每日进行两场交换清算的，隔场必须退票。隔场未退票的，提出行于提出票据后第二场清算完毕后入账。

（3）超过规定的退票时间后不允许退票。

7. 遵守查询查付制度

对出现的出数正常退票范围外的票据与清单上的账号不符、金额不符、空提、清单涂改、提入贷方凭证无相关印章等情况必须查询。查询查付必须坚持有疑必查、查必彻底，有查必复、复必详尽的原则。

8. 其他要求

（1）对交换的票据必须密封或装包加锁并按规定进行存放保管，不得将交换的票据带回家中，不得委托他人代理交换，不得在交换途中办理与交换无关的事宜。如委托专业公司代为传递票据交换包的，应与公司签订协议，明确责任，并建立交接登记簿，严密交接签收手续。交换人员应定期检查交换包是否完好无损，并妥善保管和使用交换包，确保票据、凭证不被损坏或丢失。

（2）必须将收受的票据按场次全部提出交换，不得截留积压，不得擅自涂改、更改票

据及附件内容；代收他行票据必须保证收妥抵用，未收妥款项不得提前签发进账单回单。

(3) 凡进出银行营业网点的交换票据一律由指定专人负责受理、登记、交接。对提出、提入的贷方凭证必须认真逐笔核对清单上的收付款单位账号、金额，保证原始凭证与清单上的内容相符，防止作案分子偷换凭证；认真核对凭证要素，防止错提；严密交换票据交接手续，在装包前或拆包后要认真核对清单与票据实物是否相符，防止空提。

四、会计科目

(1) 清算资金往来——同城票据待清算资金。

(2) 其他应付款。详见项目四模块一“支票业务的核算”。

▣ 业务核算

一、提出行业务处理

1. 提出借方票据

审核无误，会计处理：

借：清算资金往来——同城票据待清算资金

　　贷：其他应付款

在规定期限内无退票时，办理转账：

借：其他应付款

　　贷：吸收存款——××存款——××户

2. 提出贷方票据

审核无误，办理转账：

借：吸收存款——××存款——××户

　　贷：清算资金往来——同城票据待清算资金

二、提入行业务处理

1. 提入借方票据

审核无误，办理转账：

借：吸收存款——××存款——××户

　　贷：清算资金往来——同城票据待清算资金

2. 提入贷方票据

审核无误，办理转账：

借：清算资金往来——同城票据待清算资金

　　贷：吸收存款——××存款——××户

三、场终后，结计票据交换的应收、应付款差额

借：清算资金往来借——同城票据待清算资金

　　贷：存放中央银行款项

或者，做相反会计分录

四、编制票据交换报告（见表6－1）

表6－1 票据交换报告

	本行应收款票据			本行应付款票据		
	名称	张数	金额	名称	张数	金额
提出	他行支票			进账单		
提入	进账单			本行支票		
合计						
差额	应收差额（借差）			应付差额（贷差）		

任务导入

资料：

广发银行广州分行、广州银行广州分行、建设银行广州分行、中国银行广州分行及工商银行广州分行，5家银行均参加人民银行组织的同城票据清算，均在人民银行广州分行开立存款账户，且有足够余额的清算资金。

2019年6月15日，工商银行广州A支行在同城交换上午场次，发生下列业务，5家银行均无退票现象。

要求：请对相关业务进行会计处理。

7 项目七 损益的核算

知识目标

1. 掌握银行收入的构成、确认原则及相关会计科目的设置及使用。
2. 掌握费用银行支出的构成、确认原则及相关会计科目的设置及使用。
3. 掌握银行利润的构成、计算方法及相关会计科目的设置及使用。

技能目标

1. 根据银行收入的构成及确认原则，完成银行收入的核算。
2. 根据银行费用支出的构成及确认原则，完成银行费用支出的核算。
3. 根据银行利润的构成及计算方法，完成利润结转及利润分配的核算。

素养目标

1. 培养学生依法办事、坚守准则、保守秘密的职业修养。
2. 培养学生认真、细致、严谨的工作作风和敬业精神。
3. 培养学生诚实守信的职业道德和廉洁自律的会计品格。
4. 培养学生分工明确、职责明晰、协同高效的会计岗位意识。

模块一
收入的核算

相关知识

一、收入的定义

银行的收入主要是指银行提供金融商品服务所取得的各项收入，由营业收入和非营业收入构成，而营业收入是财务收入的主要组成部分。

二、收入的确认和计量

银行应当根据收入的性质，按照收入确认的条件，合理确认和计量各项收入。商业银行提供金融产品服务取得的收入，应当在以下条件均能满足时予以确认：①交易相关的经济利益能够流入企业；②收入的金额能够可靠地计量。

三、收入的分类

1. 营业收入

（1）利息收入。

（2）手续费及佣金收入。

（3）投资收益。

（4）公允价值变动损益。

（5）汇兑损益。

（6）其他业务收入。

2. 营业外收入

营业外收入是指与日常经营业务无直接关系的各项收入，包括资产清理收益、抵债资产处置收益、罚没款收入、政府补助、债务重组收、长款收入、捐赠利得、久悬未取款项收入等。

四、相关会计科目的设置及使用

1. 利息收入

“利息收入”科目是核算和反映银行发放贷款、贴现等实现的利息收入。期末余额结转到“本年利润”科目，结转后本科目无余额。

本科目为一级科目，可以按照业务类型设置二级科目。例如：公司类短期贷款利息收入、公司类中长期贷款利息收入、个人中长期贷款利息收入、贴现利息收入等。

2. 手续费及佣金收入

“手续费及佣金收入”用以核算和反映银行办理各种结算业务收取的手续费收入。期末余额结转到“本年利润”科目，结转后本科目无余额。

本科目为一级科目，可以按照业务类型设置二级科目。例如：银行承兑汇票手续费收入、汇兑手续费收入、信用卡手续费收入等。

3. 投资收益

“投资收益”用以核算和反映银行各类投资取得的投资收益。期末余额结转到“本年利润”科目，结转后本科目无余额。

本科目为一级科目，可以按照投资种类、收益类别设置二级科目。例如：债权投资收益、股权投资收益等。

4. 公允价值变动损益

“公允价值变动损益”用以核算和反映交易性金融资产、交易性金融负债，以及采用公允价值模式计量的投资性房地产、衍生工具、套期保值业务等公允价值变动形成的应计入当期损益的利得或者损失。贷方登记资产负债表日银行持有的交易性金融资产等的公允价值高于账面余额的差额；借方登记资产负债表日银行持有的交易性金融资产等的公允价值低于账面余额的差额；期末余额结转到“本年利润”科目，结转后本科目无余额。

本科目为一级科目，可以按照资产类别设置二级科目。例如：交易性金融资产公允价值变动损益、交易性金融负债公允价值变动损益、投资性房地产公允价值变动损益、衍生工具公允价值变动损益等。

5. 汇兑损益

“汇兑损益”用以核算和反映银行办理外汇业务时产生的汇兑净损益。期末余额结转到“本年利润”科目，结转后本科目无余额。

本科目为一级科目，可以按照业务类别设置二级科目。例如：结售汇损益、自营外汇损益、贷款外汇买卖损益等。

6. 其他业务收入

“其他业务收入”用以核算和反映银行除了发放贷款、投资、债券和代理业务及金融机构往来以外的抵债资产出租、工本费收入、贵金属买卖等其他业务收入。期末余额结转到“本年利润”科目，结转后本科目无余额。

本科目为一级科目，可以按照业务种类设置二级科目。例如：抵债资产出租收入、贵金属业务收入、工本费收入等。

7. 营业外收入

“营业外收入”用以核算和反映银行非营业性业务收入情况。期末余额结转到“本年利润”科目，结转后本科目无余额。

本科目为一级科目，可以按照收入性质设置二级科目。例如：债务重组收益、久悬未取款项收入、罚没款收入等。

■ 业务核算

会计分录如下：

借：××科目

　　贷：利息收入

　　　　手续费及佣金收入

投资收益
公允价值变动损益
汇兑损益
其他业务收入
营业外收入

任务导入

资料：

2020年，中国工商银行广州A支行发生下列部分收入业务：

1. 2020年1月7日，中国工商银行广州A支行以赚取差价为目的从二级市场购入一批债券作为交易性金融资产，面值总额为1 000万元人民币，票面利率为4%，3年期。到期取得时，支付价款为1 020万元，含已到期但尚未领取的2019年下半年的利息20万元，并支付交易费用15万元。全部价款以存放中央银行款项支付。该债券发行日为2019年1月1日。2019年1月12日，收到2019年下半年的利息20万元。2020年3月31日，该债券公允价值为1 050万元，按债券票面利率计提利息。同年6月30日，该债券公允价值为970万元，按债券票面利率计提利息。8月13日，将债券处置，实际收到价款1 200万元。

2. 2020年1月1日，向甲企业（制造型企业）发放一笔五年期分期付息的5 000万元贷款，甲企业实际收到款项4 900万元，贷款合同年利率为10%，实际利率为10.53%。利息按年收取，甲企业一次偿还本金。

3. 2020年9月26日，从甲公司账户扣收汇兑手续费200元。

4. 2020年10月14日，银行将一项专利出租权租给N企业，双方协商作价10万元。

5. 2020年9月17日，甲公司出口业务，获得100万美元收入（该公司选择分账制），按照当时美元汇率记账（100:676.75）。同年9月30日资产负债表日，按当天汇率折算为记账本位币金额（100:681.01），结转损益。

6. 2020年3月24日，收到丙公司抵债资产——一座厂房，公允价值200万元。银行暂时出租给H公司。每季度收取租金。同年6月30日，收到租金2万元。

7. 2020年9月25日，丁公司账户已转入久悬未取户5年，余额为1 000元，经再次发出通知仍杳无音讯，将账户余额转入营业外收入。

要求：请对相关业务开展会计核算。

模块二 费用支出的核算

一、费用支出的定义

银行为了获得收入而发生的各项支出。由营业支出和非营业支出构成，营业支出是财务支出的主要组成部分。

二、费用支出的确认和计量

银行应当根据费用的性质，按照费用确认的条件，合理确认和计量各项费用。商业银行发生的各项支出，应当在以下条件均能满足时予以确认：①交易相关的经济利益能够流出企业；②支出的金额能够可靠地计量。

三、费用支出的分类

1. 营业支出

（1）利息支出。银行发生的各项利息支出，包括吸收的各种存款（单位存款、个人存款、信用卡存款、特种存款、转贷款资金等）、与其他金融机构（中央银行、同业等）之间发生资金往来业务、卖出回购金融资产等产生的利息支出。

期末，应将本科目余额转入“本年利润”科目，结转后，本科目无余额。

（2）手续费及佣金支出。银行发生的与其经营活动相关的各项手续费、佣金等支出。

期末，应将本科目余额转入“本年利润”科目，结转后，本科目无余额。

（3）营业税金及附加。银行根据《中华人民共和国税法》的规定，按照适用的税率和费率计算缴纳的各种税金和附加费，包括营业税、城市建设维护税、教育费附加等。

期末，应将本科目余额转入“本年利润”科目，结转后，本科目无余额。

（4）业务及管理费。银行在业务经营和管理过程中所发生的各项费用，主要包括折旧费、业务宣传费、业务招待费、职工工资福利费等。

期末，应将本科目余额转入“本年利润”科目，结转后，本科目无余额。

（5）资产减值损失。银行计提各项资产减值准备所形成的损失。

期末，应将本科目余额转入“本年利润”科目，结转后，本科目无余额。

（6）其他业务成本。反映银行非营业性业务支出情况。

期末，应将本科目余额转入“本年利润”科目，结转后，本科目无余额。

2. 营业外支出

营业外支出是指与正常经营管理活动不存在直接关系的各项支出，包括抵债资产处置损失、非常损失、资产盘亏及清理损失、出纳结算赔款、罚没支出、久悬未取款项支出、债务重组损失、公益性捐赠支出等。

期末，应将本科目余额转入“本年利润”科目，结转后，本科目无余额。

四、相关会计科目的设置及使用

1. 利息支出

“利息支出”科目是核算银行发生的各项利息支出，包括吸收的各种存款（单位存款、个人存款、信用卡存款、特种存款、转贷款资金等）、与其他金融机构（中央银行、同业等）之间发生资金往来业务、卖出回购金融资产等产生的利息支出。

期末，应将本科目余额转入“本年利润”科目，结转后本科目无余额。

本科目可按利息支出项目设置二级及三级科目。

资产负债表日，银行根据计算确定的各项利息费用的金额，借记本科目，贷记有关科目。

2. 手续费及佣金支出

“手续费及佣金支出”科目是核算和反映银行办理结算等业务所发生的费用支出。

期末，应将本科目余额转入“本年利润”科目，结转后，本科目无余额。

本科目为一级科目，可按业务类别设置二级及三级科目。例如：代理手续费支出、借记卡手续费支出、佣金支出等。

3. 营业税及附加

“营业税金及附加”科目是核算和反映银行缴纳的营业税金及各种附加等情况。

期末，应将本科目余额转入“本年利润”科目，结转后，本科目无余额。

本科目为一级科目，可按税金类别设置二级科目。例如：营业税、城市维护建设税和教育费附加等。

4. 业务及管理费

“业务及管理费”科目是核算银行在经营及业务发展过程中发生的各项费用。

期末，应将本科目余额转入“本年利润”科目，结转后，本科目无余额。

本科目为一级科目，可按费用类别设置二级及三级科目。例如：业务宣传费、管理费用等。

5. 资产减值损失

“资产减值损失”科目是银行计提各项资产减值准备所形成的损失。

期末，应将本科目余额转入“本年利润”科目，结转后，本科目无余额。

本科目为一级科目，设置有贷款减值损失、持有至到期投资减值损失、抵债资产跌价损失等二级科目。

6. 其他业务成本

“其他业务成本”是指除利息支出、金融机构往来支出、手续费支出、资产减值损失、外汇买卖损失等主营业务活动的其他经营活动所发生的支出。

期末，应将本科目余额转入“本年利润”科目，结转后，本科目无余额。

本科目为一级科目，按照业务成本类别设置有二级科目。例如：抵债资产出租成本、贵金属业务成本等。

7. 营业外支出

“营业外支出”科目用于核算和反映银行非营业性业务支出情况。

期末，应将本科目余额转入“本年利润”科目，结转后，本科目无余额。

本科目为一级科目，可以按照支出性质设置二级科目。例如：债务重组损失、久悬未取款项支出、罚款支出等。

业务核算

会计分录如下：

借：利息支出

　　手续费及佣金支出

　　营业税及附加

　　业务及管理费

资产减值损失
其他业务成本
营业外支出
贷：××科目

任务导入

资料：

2020 年，中国工商银行广州 A 支行发生下列部分费用支出业务：

1. 6 月 20 日（结息日），对个人客户张丽活期储蓄存款中行户，计提利息 22.34 元。

2. 9 月 20 日，该行作为黄金交易所会员，缴纳交易手续费 5 万元。

3. 9 月底，计提本月税金及附加共为 10 万元，其中增值税为 5 万元、城市维护建设税 3 万元、教育费附加 2 万元。

4. 8 月 25 日，本月发生业务宣传费 20 000 元，以现金形式支付。

5. 11 月 30 日，有客观证据表明，客户孙某出现财务困难，其个人住房贷款被确定为减值贷款。按照预计未来现金流量现值与当前贷款摊余成本之差，计提贷款减值准备 12 万元。

6. 7 月 30 日，银行为低值资产支付维修费用 5 000 元（现金支付）。

7. 10 月 26 日，已经结转到营业外收入的甲公司久悬未取账户，取款 1 000 元，按支取日挂牌活期利率自动计算并支付从转入久悬未取户至取款时的利息 2 元。

要求：请对相关业务开展会计核算。

模块三 利润的核算

相关知识

一、利润的定义及构成

1. 营业利润 = 营业收入 - 营业支出

其中：

营业收入 = 利息净收入 + 手续费及佣金净收入 + 投资收益 + 公允价值变动损益 + 汇兑损益 + 其他业务收入

营业支出 = 营业税金及附加 + 业务及管理费 + 资产减值损失 + 其他业务成本

2. 利润总额 = 营业利润 + 营业外收入 - 营业外支出

3. 净利润 = 利润总额 - 所得税费用

二、相关会计科目的设置及使用

1. 本年利润

本年利润科目核算银行实现的净利润（或发生的净亏损）。

年度终了，应将本年收入和支出相抵后结出的本年实现的净利润，转入“利润分配”科目，借记本科目，贷记“利润分配——未分配利润”科目；如为净亏损，做相反会计分录。

结转后本年利润科目应无余额。

2. 利润分配

本科目核算企业利润的分配（或亏损的弥补）和历年分配（或弥补）后的积存余额。

本科目设置“提取法定盈余公积”“提取任意盈余公积”“应付现金股利或利润”“股本的股利”“盈余公积补亏”和“未分配利润”等明细科目进行明细核算。

本科目年末余额，反映银行的未分配利润或者未弥补亏损。

▣ 业务核算

一、损益结转

每个会计年度终了，银行都要结转利润，将各损益类账户余额全部结转到“本年利润”账户中去。

提示　前面两个模块为了说明收入和支出核算的全过程，对每个损益类账户期末结转的会计分录都分别列示。但在实际工作中，银行对损益类账户是于年末结转的。

（1）收益类账户余额全部结转到“本年利润”贷方。

借：利息收入
　　手续费及佣金收入
　　投资收益
　　公允价值变动损益
　　汇兑收益
　　其他业务收入
　　营业外收入
　　贷：本年利润

（2）费用支出类账户余额全部结转到“本年利润”借方。

借：本年利润
　　贷：利息支出
　　　　手续费及佣金支出
　　　　营业税金及附加
　　　　业务及管理费

资产减值损失

汇兑损失

其他业务成本

营业外支出

（3）“本年利润”科目如为贷方余额，即为本期利润总额；如为借方余额，则为本年亏损总额。

（4）计算净利润：

净利润 = 利润总额 - 所得税费用

净利润即为可供分配的利润。

二、利润结转

年度终了，将“本年利润”科目结平，转到“利润分配——未分配利润”科目。

若为盈利时：

借：本年利润

　　贷：利润分配——未分配利润

若为亏损时：

借：利润分配——未分配利润

　　贷：本年利润

三、分配利润

银行当期实现的净利润，加上年初未分配利润（或减去年初未弥补亏损），为可供分配的利润，作下列分配：

（1）弥补以前年度亏损：

借：盈余公积

　　贷：利润分配——盈余公积补亏

（2）提取法定盈余公积金，法定盈余公积金提取比例一般不低于当年实现净利润的10%，但以前年度累计的法定盈余公积达到注册资本的50%时，可以不再提取。

（3）提取任意盈余公积。按照股东大会的决议提取：

借：利润分配——提取法定盈余公积

　　　　　　——提取任意盈余公积

　　贷：盈余公积——法定盈余公积

　　　　　　　　——任意盈余公积

（4）从事存贷款业务的金融企业，按规定提取的一般准备也应作为利润分配处理：

借：利润分配——提取一般风险准备

　　贷：一般准备金

（5）向投资者分配利润：

借：利润分配——应付现金股利或利润

　　贷：应付股利

（6）转作资本（或股本）的普通股股利：

借：利润分配——转作股本的股利

　　贷：股本

任务导入

资料：

某商业银行2020年实现净利润为1 500万元。按净利润的10%计提法定盈余公积金，提取任意盈余公积10万元。用法定盈余公积金弥补以前年度亏损300万元。按净利润的10%，计提一般准备金，经股东大会决议，分配普通股现金股利200万元。

要求：请开展利润分配的核算。

8 项目八 银行会计报表的编制

知识目标

1. 了解资产负债表的内容和结构。
2. 了解利润表的内容和结构。
3. 了解所有者变动表的内容和结构。
4. 了解现金流量表的内容和结构。

技能目标

1. 完成资产负债表相关项目的填列。
2. 完成利润表相关项目的填列。
3. 完成所有者权益变动表相关项目的填列。
4. 完成现金流量表相关项目的填列。

素养目标

1. 培养学生依法办事、坚守准则、保守秘密的职业修养。
2. 培养学生认真、细致、严谨的工作作风和敬业精神。
3. 培养学生诚实守信的职业道德和廉洁自律的会计品格。
4. 培养学生分工明确、职责明晰、协同高效的会计岗位意识。

模块一
资产负债表的编制

知识准备

一、资产负债表的作用

资产负债表，是反映银行一定时点财务状况的重要报表。它是根据“资产 = 负债 + 所有者权益”的基本公式，按照一定的分类标准和次序，把银行在一定时点的资产、负债、所有者权益的各个项目予以适当排列后编制而成。它能够反映商业银行各项资产、负债和所有者权益的增减变动以及各项目之间的相互关系，据以检查资产、负债和所有者权益的构成是否合理，考核各项资金计划的执行结果，并为分析银行各项业务、预测未来财务状况和发展前景提供数据和信息。

二、资产负债表项目分类及排列

在编制资产负债表时，应要按一定的标准把资产、负债、所有者权益中的各个项目进行分类，并以适当的顺序排列。

对于资产类的项目，按其流动性或变现能力的大小顺序排列，第一项为流动资产，包括现金及银行存款、存放中央银行款项、存放联行款项、短期贷款、贴现、一年内到期的长期投资等。第二项为长期资产，包括中长期贷款，长期投资、固定资产等。第三项为无形资产、递延资产及其他资产。同时在资产方，为如实反映资产的实有数，而将各项准备金分别列于相应资产的下面，作为减项反映。如呆账准备金一般列在中长期贷款下面作为减项；投资风险准备金列于长期投资下面作为减项；累计折旧列于固定资产原值下面作为减项；经营租赁资产折旧列于经营租赁资产下面作为减项等。

对于负债及所有者权益类的项目，因为在法律上负债有优先于所有者权益的清偿权，因而将负债列示在所有者权益之前。负债则按期限的长短顺序排列，第一项为流动负债，包括短期存款、短期储蓄存款、财政性存款、向中央银行借款、同业存放款项、联行存放款项、同业拆入、应解汇款、应交税金、一年内到期的长期负债等。第二项为长期负债，包括长期存款、长期借款、长期应付款等。第三项为所有者权益，包括实收资本、资本公积、盈余公积和利润分配等。

三、资产负债表的格式

资产负债表的格式有两种：报告式和账户式。我国银行采用账户式资产负债表，亦称为“平衡式资产负债表”。其格式见表 8 - 1。

表 8－1　　　　资产负债表

编制单位：　　　　年　月　日　　　　单位：元

资产	期末余额	年初余额	负债和所有者权益（或股东权益）	期末余额	年初余额
资产			负债		
现金及存放中央银行款项			向中央银行借款		
存放同业款项			同业及其他金融机构存放款项		
贵金属			拆入资金		
拆出资金			交易性金融负债		
交易性金融资产			衍生金融负债		
衍生金融资产			卖出回购金融资产款		
买入返售金融资产			吸收存款		
应收利息			应付职工薪酬		
发放贷款和垫款			应交税费		
可供出售金融资产			应付利息		
持有至到期投资			预计负债		
长期股权投资			应付债券		
投资性房地产			递延所得税负债		
固定资产			其他负债		
无形资产			负债合计		
递延所得税资产			所有者权益（或股东权益）：		
其他资产			实收资本（或股本）		
			资本公积		
			减：库存股		
			盈余公积		
			一般风险准备		
			未分配利润		
			所有者权益（或股东权益）合计		
资产总计			负债和所有者权益（或股东权益）总计		

资产负债表是将资产所包含的各个项目列在表的左边，将负债和所有者权益所包含的各个项目列在表的右边，从而使左边的资产总额等于右边负债与所有者权益之和，达到双方平衡。这种账户式资产负债表反映资产、负债及所有者权益之间的关系比较直观，资产等于负债加所有者权益这个恒等公式，在表中一目了然。

▣ 资产负债表的编制

资产负债表项目列有“年初数”和“期末数”两栏，相当于两期的比较资产负债表。该表“年初数”栏内各项数字，根据上年末资产负债表“期末数”栏内所列数字填列。表中的“期末数”，指月末、季末或者年末数字，它们是根据各项目有关总账科目或明细科目的期末余额直接填列或计算分析填列。具体填列如下：

（1）“现金及存放中央银行款项”项目，反映银行期末持有的现金、存放中央银行款项等总额，根据“库存现金”“存放中央银行款项”等科目的期末余额合计填列。

（2）“存放同业款项”“买入返售金融资产”等资产项目，一般直接反映银行持有的相应资产的期末价值，根据“存放同业”“买入返售金融资产”等科目的期末余额填列。买入返售金融资产计提坏账准备的，还应减去“坏账准备”科目所属相关明细科目的期末余额。

（3）“贵金属”项目，反映银行期末持有的贵金属价值按成本与可变现净值孰低计量的黄金、白银等，根据“贵金属”科目的期末余额填列。

（4）“拆出资金”“应收利息”“持有至到期投资”“长期股权投资”等资产项目，反映银行持有的相应资产的实际价值，以扣减对应的资产减值准备后的金额列示。

（5）“衍生金融资产”项目，反映银行期末持有的衍生工具、套期工具、被套期项目中属于衍生金融资产的金额，根据“衍生工具”“套期工具”“被套期项目”等科目的期末借方余额分析计算填列。

（6）“可供出售金融资产”“递延所得税资产”等资产项目，一般直接反映银行持有的相应资产的期末价值。

（7）“发放贷款和垫款”项目，反映银行发放的贷款和贴现资产扣减贷款损失准备期末余额后的金额，根据“贷款”“贴现资产”等科目的期末借方余额合计，减去“贷款损失准备”科目所属明细科目期末余额后的金额分析计算填列。

（8）“其他资产”项目，反映银行期末持有的存出保证金、应收股利、其他应收款等资产的账面余额，根据有关科目的期末余额填列。已计提减值准备的，还应扣减相应的减值准备。

（9）“代理业务资产”项目，反映银行代理业务形成的资产所属承担风险的情况。

（10）“固定资产”“无形资产”等资产项目，反映相应资产在期末的实际价值，以扣减“累计折旧”“累计摊销”和对应的资产减值准备后的金额列示。

（11）“向中央银行借款”“同业及存放款项”“拆入资金”“卖出回购金融资产款”“吸收存款”“交易性金融负债”“应付职工薪酬”“应交税费”“应付利息”“应付债券”“递延所得税负债”等项目，根据“同业存放”“向中央银行借款”“拆入资金”“卖出回购金融资产款”“吸收存款”等科目的期末余额填列。

（12）“衍生金融负债”项目，反映“衍生工具”“套期项目”“被套期项目”中属于衍生金融负债的金额，根据“衍生工具”“套期项目”“被套期项目”等科目的期末贷方余额分析计算填列。

（13）“其他负债”项目，反映银行存入保证金、应付股利、其他应付款、递延收益等负债的账面余额，根据有关科目的期末余额填列。

（14）“代理业务负债”项目，反映代理业务负债所属承担风险的情况。

（15）“实收资本（或股本）”“资本公积”“盈余公积”“一般风险准备”“未分配利润”“库存股”等项目，反映企业期末持有的接受投资者投入企业的实收资本、从净利润中提取的盈余公积、一般风险准备等金额。

任务导入

资料： 新浪财经网站。

要求： 查询上市银行资产负债，分析各个科目“年末数”的数据来源。

模块二 利润表的编制

知识准备

一、利润表的作用

利润表，亦称“损益表”。利润表是反映银行在一定会计期间内利润（或亏损）实现情况的报表。通过利润表，可以反映银行一定时期内通过收支配比原则计算出来的营业收入、成本、费用和利润。利润表的作用，主要有以下三个方面：

（1）利润表是评价、考核银行管理水平和经济效益的依据。

（2）利润表是银行依法缴纳各项税金的依据。

（3）通过利润表的分析，可以了解银行的盈利水平，对银行未来的经营情况及获利能力进行科学的预测。

二、利润表的内容

1. 营业收入类

该类项目反映商业银行各种经营业务收入的数额及总额情况，包括“利息将收入”“手续费及佣金净收入”“汇兑收益”“投资净收益”“公允价值变动净收益”和“其他业务收入”六个项目的内容。

2. 营业支出类

该项目反映商业银行各项营业支出的数额及总额情况，包括“税金及附加”“业务及管理费用”“研发费用”“资产减值损失”和“其他业务支出”五个项目内容。

3. 营业利润类

该类项目是营业收入减去营业支出的差额。

4. 利润总额类

该类项目反映商业银行当期实现的全部成果总额情况。用该数额减去所得税后的数额为商业银行的净利润。

三、利润表的格式

利润表一般有两种格式：单步式利润表和多步式利润表。它们分别以不同的方式，反映银行利润的形成过程。我国银行采用的是多步式利润表。其列示方法是按照会计期间的营业收入、营业支出、税金及附加、营业外收支等项目分别列示。利润总额的计算，分为两步：第一步，先计算出营业利润，即营业收入减去营业支出；第二步，计算出银行的利润总额，即营业利润加上营业外收入减去营业外支出，求出银行的利润（或亏损）总额，再减去所得税，即为净利润。多步式利润表格式见表 8 - 2。

表 8－2　　　　利润表　　　　会企 02 表

编制单位：　　　　年　月　日　　　　单位：元

项目	行次	本年金额	上年金额
一、营业收入			
利息净收入			
其中：利息收入			
减：利息支出			
手续费及佣金净收入			
其中：手续费及佣金收入			
减：手续费及佣金支出			
汇总收益			
投资净收益			
公允价值变动净收益			
其他业务收入			
二、营业支出			
税金及附加			
业务及管理费用			
研发费用			
资产减值损失			
其他业务支出			
三、营业利润			
加：营业外收入			
减：营业外支出			
四、利润总额			
减：所得税			
五、净利润（净亏损以“－”号填列）			
六、每股收益			
（一）基本每股收益			
（二）稀释每股收益			

利润表的编制

（1）“营业收入”项目，根据“利息净收入”“手续费及佣金净收入”“投资净收益”“公允价值变动净收益”“汇兑收益”“其他业务收入”等项目汇总计算填列。

（2）“利息净收入”项目，根据“利息收入”项目金额，减去“利息支出”项目金额后的余额计算填列。

“利息收入”“利息支出”项目，反映企业经营存贷款业务等确认的利息收入和发生的利息支出，根据“利息收入”“利息支出”等科目的发生额分析填列。企业债券投资的利息收入、发行债券的利息支出，也可以分别在该项目反映。

（3）“手续费及佣金净收入”项目，反映“手续费及佣金收入”项目余额减去“手续费及佣金支出”项目金额后的金额。“手续费及佣金收入”“手续费及佣金支出”等项目，反映企业确认的包括办理结算业务等在内的手续费、佣金收入和发生的手续费、佣金支出，应根据“手续费及佣金收入”“手续费及佣金支出”等科目的发生额分析填列。

（4）“汇兑收益”项目，反映企业外币货币性项目因汇率变动形成的净收益，应根据“汇兑损益”科目的发生额分析填列。如为净损失，以“—”号列示。

（5）“营业支出”项目，反映“税金及附加”“业务及管理费”“资产减值损失”“其他业务成本支出”“研发费用”等项目的金额合计。

（6）“业务及管理费”项目，反映企业在业务经营和管理过程中发生的电子设备运转费、安全防范费、物业管理费等费用，应根据“业务及管理费”科目的发生额分析填列。

（7）其他项目，比照一般企业利润表的列报方法处理。

任务导入

资料：新浪财经网站。

要求：查询上市银行利润表，分析各个科目“年末数”的数据来源。

模块三 所有者权益变动表的编制

知识准备

一、所有者权益变动表的作用

本表反映商业银行年末所有者权益（或股东权益）增减变动的情况。

二、所有者权益变动表的结构及内容（见表8－3）

所有者权益变动表各项目应当根据银行当期净利润、直接计入所有者权益的利得和损失、所有者投入资本和向所有者分配利润、从利润中提取盈余公积、一般风险准备金等情况列示。

直接计入所有者权益的利得和损失，主要包括：可供出售金融资产公允价值变动净额、现金流量套期工具公允价值变动净额等。

表 8－3

所有者权益变动表

项目	本年金额							上年金额						
	实收资本（或股本）	资本公积	减：库存股	盈余公积	一般风险准备	未分配利润	所有者权益合计	实收资本（或股本）	资本公积	减：库存股	盈余公积	一般风险准备	未分配利润	所有者权益合计
一、上年年末余额														
加：会计政策变更														
前期差错更正														
二、本年年初余额														
三、本年增减变动金额（减少以“－”号填列）														
（一）净利润														
（二）直接计入所有者权益的利得和损失														
1. 可供出售金融资产公允价值变动净额														
（1）计入所有者权益的金额														
（2）转入当期损益的金额														
2. 现金流量套期工具公允价值变动净额														
（1）计入所有者权益的金额														
（2）转入当期损益的金额														
（3）计入被套期项目初始确认金额中的金额														
3. 权益法下被投资单位其他所有者权益变动的影响														
4. 与计入所有者权益项目相关的所得税影响														
5. 其他														

续表

项目	本年金额							上年金额						
	实收资本（或股本）	资本公积	减：库存股	盈余公积	一般风险准备	未分配利润	所有者权益合计	实收资本（或股本）	资本公积	减：库存股	盈余公积	一般风险准备	未分配利润	所有者权益合计
上述（一）和（二）小计														
（三）所有者投入和减少资本														
1. 所有者投入资本														
2. 股份支付计入所有者权益的金额														
3. 其他														
（四）利润分配														
1. 提取盈余公积														
2. 提取一般风险准备														
3. 对所有者（或股东）的分配														
4. 其他														
（五）所有者权益内部结转														
1. 资本公积转增资本（或股本）														
2. 盈余公积转增资本（或股本）														
3. 盈余公积弥补亏损														
4. 一般风险准备弥补亏损														
5. 其他														
四、本年年末余额														

所有者权益变动表的编制

（1）“上年年末余额”项目，应根据上年资产负债表中“实收资本（或股本）”“资本公积”“其他综合收益”“盈余公积”“未分配利润”等项目的年末余额填列。

（2）“会计政策变更”和“前期差错更正”项目，应根据“盈余公积”“利润分配”“以前年度损益调整”等科目的发生额分析填列，并在“上年年末余额”的基础上调整得出“本年年初金额”项目。

（3）“本年增减变动额”项目分别反映如下内容：

①“综合收益总额”项目，反映企业当年的综合收益总额，应根据当年利润表中“其他综合收益的税后净额”和“净利润”项目填列，并对应列在“其他综合收益”和“未分配利润”栏。

②“所有者投入和减少资本”项目，反映企业当年所有者投入的资本和减少的资本，其中：“所有者投入资本”项目，反映企业接受投资者投入形成的实收资本（或股本）和资本公积，应根据“实收资本”“资本公积”等科目的发生额分析填列，并对应列在“实收资本”和“资本公积”栏。

“股份支付计入所有者权益的金额”项目，反映企业处于等待期中的权益结算的股份支付当年计入资本公积的金额，应根据“资本公积”科目所属的“其他资本公积”二级科目的发生额分析填列，并对应列在“资本公积”栏。

③“利润分配”下各项目，反映当年对所有者（或股东）分配的利润（或股利）金额和按照规定提取的盈余公积金额，并对应列在“未分配利润”和“盈余公积”栏。

“提取盈余公积”项目，反映企业按照规定提取的盈余公积，应根据“盈余公积”“利润分配”科目的发生额分析填列。

“对所有者（或股东）的分配”项目，反映对所有者（或股东）分配的利润（或股利）金额，应根据“利润分配”科目的发生额分析填列。

④“所有者权益内部结转”下各项目，反映不影响当年所有者权益总额的所有者权益各组成部分之间当年的增减变动，包括资本公积转增资本（或股本）、盈余公积转增资本（或股本）、盈余公积弥补亏损等。

“资本公积转增资本（或股本）”项目，反映企业以资本公积转增资本或股本的金额，应根据“实收资本”“资本公积”等科目的发生额分析填列。

“盈余公积转增资本（或股本）”项目，反映企业以盈余公积转增资本或股本的金额，应根据“实收资本”“盈余公积”等科目的发生额分析填列。

“盈余公积弥补亏损”项目，反映企业以盈余公积弥补亏损的金额，应根据“盈余公积”“利润分配”等科目的发生额分析填列。

企业应当根据上年度所有者权益变动表“本年金额”栏内所列数字填列本年度“上年金额”栏内各项数字。如果上年度所有者权益变动表规定的项目的名称和内容同本年度不一致，应对上年度所有者权益变动表相关项目的名称和金额按本年度的规定进行调整，填入所有者权益变动表“上年金额”栏内。

（4）除上列项目以外，其他项目比照一般企业所有者权益变动表列示说明处理。

任务导入

资料： 新浪财经网站。

要求： 查询上市银行所有者权益变动表，分析各个科目“年末数”的数据来源。

模块四
现金流量表的编制

知识准备

一、现金流量表的作用

现金流量表是反映商业银行在一定会计期间内经营活动、投资活动和筹资活动等所产生的现金收入和支出情况的会计报表。编制本表的目的，是为会计报表使用者提供企业一定会计期间内现金和现金等价物流入和流出信息，以便于报表使用者了解和评价企业获取现金和现金等价物的能力，并据以预测企业未来现金流量。

二、现金流量表内容及格式（见表 8－4）

现金流量表要求按照不同的业务分别反映现金的流入、流出和净流量。一般分为经营业务、投资业务和筹资业务三大类业务来反映每一类业务的现金流量。现金流量表的正表要求用直接法编制，同时要求在附表中用间接法来反映现金的变动。

表 8－4　　现金流量表

编制单位：　　年　月　日　　单位：元

项　目	本期金额	上期金额
一、经营活动产生的现金流量：		
客户存款和同业存放款项净增加额		
向中央银行借款净增加额		
向其他金融机构拆入资金净增加额		
收取利息、手续费及佣金的现金		
收到其他与经营活动有关的现金		
经营活动现金流入小计		
客户贷款及垫款净增加额		
存放中央银行和同业款项净增加额		
支付手续费及佣金的现金		
支付给职工以及为职工支付的现金		
支付的各项税费		

续表

项　目	本期金额	上期金额
支付其他与经营活动有关的现金		
经营活动现金流出小计		
经营活动产生的现金流量净额		
二、投资活动产生的现金流量：		
收回投资收到的现金		
取得投资收益收到的现金		
收到其他与投资活动有关的现金		
投资活动现金流入小计		
投资支付的现金		
购建固定资产、无形资产和其他长期资产支付的现金		
支付其他与投资活动有关的现金		
投资活动现金流出小计		
投资活动产生的现金流量净额		
三、筹资活动产生的现金流量：		
吸收投资收到的现金		
发行债券收到的现金		
收到其他与筹资活动有关的现金		
筹资活动现金流入小计		
偿还债务支付的现金		
分配股利、利润或偿付利息支付的现金		
支付其他与筹资活动有关的现金		
筹资活动现金流出小计		
筹资活动产生的现金流量净额		
四、汇率变动对现金及现金等价物的影响		
五、现金及现金等价物净增加额		
加：期初现金及现金等价物余额		
六、期末现金及现金等价物余额		

现金流量表的编制

1. 经营活动产生的现金流量

（1）“客户存款和同业存放款项净增加额”项目，反映商业银行本期吸收的境内外金融机构以及非同业存放款项以外的各种存款的净增加额。

（2）“向中央银行借款净增加额”，反映商业银行本期向中央银行借入款项的净增加额。

（3）“向其他金融机构拆入资金净增加额”项目，反映商业银行本期从境内外金融机构拆入款项所取得的现金，减去拆借给境内外金融机构款项所支付现金后的净额。

（4）“客户贷款及垫款净增加额”项目，反映商业银行本期发放的各种客户贷款，以及办理商业票据贴现、转贴现融出及融入资金等业务款项的净增加额。

(5)“存放中央银行和同业款项净增加额”项目，反映商业银行本期存放于中央银行以及境内外金融机构的款项的净增加额。

2. 筹资活动产生的现金流量

“发行债券收到的现金”项目，反映商业银行以发行债券方式筹集资金实际收到的款项，减去直接支付给其他金融企业的佣金、手续费、宣传费、咨询费、印刷费等发行费用后的净额。

3. 除上列项目以外，其他项目比照一般企业所有者权益变动表列示说明处理。

任务导入

资料：新浪财经网站。

要求：查询上市银行现金流量表，分析各个科目“年末数”的数据来源。

参考文献

【法律法规及管理条例】
1.《中华人民共和国中国人民银行法》
2.《中华人民共和国商业银行法》
3.《中华人民共和国会计法》
4.《企业会计准则应用指南》(2006)
5. 金融企业财务规则（2007 年）
6. 会计准则——第 8 号、第 22—24 号、第 37 号
7.《中国人民银行关于人民币存贷款计结息问题的通知》(2005)

【教材书籍】
1. 黄群．金融企业会计［M］. 北京：电子工业出版社，2012.
2. 志学红．银行会计. 4 版［M］. 北京：中国人民大学出版社，2019.
3. 赵丽梅．商业银行会计实务［M］. 北京：中国金融出版社，2012.
4. 岳龙．银行会计［M］. 北京：高等教育出版社，2015.
5. 帅青红．现代支付系统概论［M］. 成都：西南财经大学出版社，2010.
6. 沈立君等．银行结算业务［M］. 北京：电子工业出版社出，2013.

【参考网站】
1. 中国人民银行，http：//www. pbc. gov. cn/。
2. 中华人民共和国财政部，http：//www. mof. gov. cn/index. Htm。
3. 中国信用卡之窗，http：//www. creditcard. com. cn/html/index. Html。
4. 金融会计，http：//www. jrkjzz. org. cn/CN/volumn/home. shtml。
5. 中国银行保险监督管理委员会，http：//www. cbirc. gov. cn/cn/view/pages/index/index. html。
6. 中国人民银行清算总中心，http：//www. cncc. cn/gywm/zzxjs/。